推荐序

这几年在和园长交流和接触的过程中，他们经常谈到的一个话题就是，现在当一个园长太不容易了，甚至怀疑自己是不是能力不行，胜任不了园长这个岗位。当然，这并不代表现在我们园长的能力下降了，有这种感觉恰恰说明他们已经在思考：新的社会和时代背景下，怎样才能当好一个园长？随着国家教育改革的不断深化，学前教育也越来越受到重视，迎来越来越多的发展良机，当然也面临着越来越多的挑战。一方面，在市场经济条件下，如何使自己的幼儿园办出特色、树立品牌，从而能够在竞争激烈、百花争放的大环境中站稳脚跟，长远发展，是所有园长必须考虑的现实课题；另一方面，在校长专业化的大背景下，园长专业化的呼声已初见端倪，公众对幼儿园园长的要求越来越高，怎样通过提升自身素养，进而提升幼儿园管理品质，推动幼儿园质量的全面提升，并最终促进幼儿的全面和谐发展，也是园长们不可回避的现实问题。所以，作为幼儿园的管理者、第一责任人，园长在幼儿园的改革和发展中，发挥着举足轻重的作用，不能觉得自己“业务”强就可以应对幼儿园发展过程中的所有问题，新的形势要求园长必须全面提升综合素养。

北京作为经济、文化、科技创新迅速发展的现代化都市，其幼教事业也发生着日新月异的变化。作为首都幼教改革的“火车头”，幼儿园园长们的专业水平决定着这列火车跑得有多快、跑的方向对不对。能不能在新的发展机遇中准确把握国家政策文件精神，做好幼儿园的整体规划？能不能在更为重视公共关系的社会背景下，协调各种关系，服务于幼儿园的对外宣传和品牌建设工作？能不能在家长整体素质提升、需求多样化的要求下，探索新的家长工作思路和方法？能不能结合幼儿园实际工作中遇到的困境，拓展资源渠道，运用科学思维研究出带有规律性的成果，提升幼儿园的整体科研水平？能不能在新教师成为保教工作主力的现实中寻求突破口，探索教师队伍建设的新模式，确保幼儿园保教质量的稳步甚至快速提升？能不能在国家日益重视幼儿身心健康发展的整体趋势下，切实做好幼儿卫生保健和安全管理工作……新的问题不断涌现，我们必须认真想一想：这些我们曾经思考过也取得了大量成果的工作，是否真正摸索到了规律？可以从中借鉴什么？如何在《幼儿园园长专业标准》的要求下真正发挥引领作用？这都是我们要继续深入研究的。

在这个机遇与挑战并存的时代，作为主管全园工作的领导者，园长肩负的责任、使命可谓任重道远。一个人成长为园长是不容易的，从初任园长到一名优秀园长短则需要三五年时间，长则需要六七年甚至更长时间。传统的师傅带徒弟式的传帮带方法仍不失为一种不错的方法，但在今天这样一个讲求成本和效率的时代，我们完全可以通过更加科学有效的方法，更快更好地促进园长的专业化成长，提升其领导力。因此，对幼儿园园长的领导行为、专业素养、专业能力进行研究，既是一个在幼教改革中必须面对的现实课题，具有重要的现实指导意义，也是一个事关幼教可持续发展的长远问题，具有深远的历史意义。

现代社会具有复杂性、多变性、随机性和竞争性，发展节奏快，新知识、新科学、新技术不断涌现。幼儿园并不与世隔绝，同样处于多变的社会之中，幼儿园的发展也要适应全面改革和社会发展的需要。所以，现代的幼儿园园长除了要拥有热爱幼教事业的情怀外，还需要有终身学习的意识，要在实际工作中通过不断学习、思考、再学习、再思考，掌握解决、处理各项园所事务的能力。

北京教育科学研究院早期教育研究所苏婧所长和她所带领的北京市学前教育兼职教研员队伍“园长管理组”成员，从 2013 年起致力于幼儿园园长专业素养、专业能力的研究。团队成员都是来自北京市各区县的教研员和名园长，在园长管理工作模式和专业发展等方面都很有心得，具有丰富的实践经验。这个团队在深入研究的基础上奉献给大家的这套《幼儿园园长专业能力提升丛书》，以扎实的理论知识结构为基础，以多年认真积累的实践研究为依据，总结提炼出 12 项园长胜任本职工作应具备的专业能力。书中对每一项专业能力的概念、基本原则、方法和途径等都进行了详细的论述，同时又通过大量的图示和鲜活的实例，让所述的内容变得生动活泼，便于理解和操作。对于幼儿园管理者来说，这 12 项专业能力既是要求，也是目标。他山之石，可以攻玉。虽然别人的经验并不能完全解决我们现实中遇到的问题，但是，借鉴别的园所好的经验，一定会有助于我们幼儿园园长的成长，帮助我们明确一个合格园长需要具备的基本能力和素质要求。同时，也会对我们科学系统地规划自己的园长职业生涯提供必要的指导，帮助我们成为全面而又专业的幼儿园管理者。此外，这套丛书也有助于我们澄清工作中一些认识不清的问题，提升我们的专业理论水平。

这套丛书是幼教工作者在幼儿园园长专业发展方面持续探索过程中的阶段性成果，它不仅给我们提供了借鉴，也为我们指引了方向。我相信，今后一定会有大量关于幼儿园园长专业发展的研究成果出现，这将对我们首都学前教育，甚至全国学前教育的发展产生积极的影响和促进作用。

北京市教育委员会学前教育处处长　张小红

2017 年 2 月

代丛书序

园长专业素养的研究框架、实施途径和策略

学前教育是终身教育的开端，是基础教育的基础，是国民教育体系的重要组成部分。办好学前教育，关系到亿万儿童的健康成长和千家万户的切身利益，关系到国家和民族的未来。

教育部颁发的第二个学前教育三年行动计划提出的重点任务是扩大总量、调整结构、健全机制、提升质量，而"提高幼儿园教职工的专业素质和实践能力，进一步规范办园行为，深入贯彻落实《3—6岁儿童学习与发展指南》，促进幼儿身心健康和谐成长"是其中的重要内容。"提升学前教育质量，是当前和今后学前教育必须努力的方向，对质量的追求是学前教育工作者必须不断付出努力的工作。"幼儿园园长作为幼儿园的第一责任人，其素质直接关系到幼儿园的发展及幼儿教育的质量。学前教育的内涵发展急需具有专业水准的园长队伍的支撑和保障。但是，由于历史原因，我们的园长职业资格准入要求不高，多由一线幼儿教师升任或由上级行政部门直接派遣，加之近几年扩大办园规模涌现了不少新任园长，缺乏全面、系统的专业培训，致使很多园长的实际能力和素质与园长管理工作的要求还存在一定差距，这在一定程度上限制了园长的专业发展，也影响到了幼儿园的科学、优质发展。

专业能力是园长专业化发展在教育实践中的集中体现，是保障其完成职业要求和工作职责的必要条件。园长的专业能力不同于中小学校长，因为中小学是以学科教学为核心的能力结构，而幼儿园必须凸显幼儿园保教结合、以游戏为基本活动的特点，以及环境、生活对幼儿发展的重要价值和独特作用。因此，幼儿园园长的专业能力结构是全方位的、多方面的，具有综合性特点。从新颁布的《幼儿园园长专业标准》看，幼儿园园长被定义为履行幼儿园领导和管理工作的"专业"人员。园长的专业发展水平直接影响到幼儿园的发展方向，直接影响到幼儿园教师的专业发展，直接影响到一个幼儿园的教育教学质量，并最终影响到幼儿的发展。

基于园长职业的特殊性和重要性，我们将研究的视角聚焦于此，拟基于幼儿

园管理实践现场，梳理幼儿园园长的专业素养结构和能力要求，提供有针对性的培养策略与支持途径，从而助力于高质量、专业化和可持续发展的学前教育实践管理者队伍的建设。在分析国内外文献的基础上，我们参考教育部颁布的《义务教育学校校长专业标准》《幼儿园教师专业标准(试行)》和《幼儿园园长专业标准》，从横向和纵向两个角度来构建幼儿园园长专业素养结构(见表 1)。从横向来看，我们认为幼儿园园长专业素养结构包括四个方面，分别为研究维度、研究领域、每个领域所包含的支撑要素以及针对支撑要素所细化出的基本指标。从纵向来看，我们认为园长的专业发展是一个动态的过程，不同的园长有着不同的专业发展历程，这是一个不断变化着的、开放的系统，受到多种因素综合作用的影响和制约。园长专业素养是指园长为实现其园所管理目标、承担其园长角色时，在专业精神、专业知识和专业能力三个维度所需具备的素质及要求。其中，专业精神和专业知识都是相对固定的，是经过系统的培训和学习就能够基本具备的，是一种偏静态的素养构成。而专业能力则是灵活和可变的，而且具有鲜明的个性特色，是专业精神、知识以及指导下的行为三者的结合，是真正决定园长素养高低的关键要素。因此，我们将研究重点定位在园长的“专业能力”上，并将其分为“本体性能力”和“延展性能力”两方面。其中，“本体性能力”是指园长在胜任其岗位职责时所应具备的基本能力，而“延展性能力”则是对园长在专业发展的道路上提出的目标和努力方向。我们梳理出园长的专业精神、专业知识以及各项专业能力所涉及的“领域”“要素”“基本指标”，并进一步针对“本体性能力”整理归纳出更为清晰的、操作性强的培养策略与途径。这样，不仅能将动态和静态两方面因素有机结合起来，而且也能更加深入地把握园长专业素养的本质。

表 1　幼儿园园长专业素养结构

维度	领域	要素	基本指标
专业精神	专业理念	儿童观	对儿童发展整体性的理解与认识
			对儿童发展阶段性的理解与认识
			对儿童发展差异性的理解与认识
		教育观	对于教育本质的理解与认识
			对于教育目的的理解与认识
			对于教育方式、方法的把握
		职业观	对幼儿教育工作的态度与看法
			对于园长角色、职责的理解与认识
			对园长职业的规划

续表 1

维度	领域	要素	基本指标
专业精神	专业品质	个性品质	具有主动、积极的品质
			具有诚信、公平、敢于担当的品质
			具有终身学习的意识
		职业道德	奉献精神
			爱岗敬业
			服务意识
专业知识	通识性知识	哲学基本知识	运用辩证唯物主义的观点看待问题
			系统性思维
		管理学基本知识	科学管理理论
			过程管理理论
			系统管理理论
			决策管理理论
		社会学基本知识	组织文化理论
			组织行为学理论
		法律法规基本知识	宪法相关知识
			民法相关知识
			经济法相关知识
			教育法相关知识
		财务基本知识	经费预算知识
			经费管理知识
		信息技术基础知识	有关教育技术发展趋势的知识
			教育技术的基本概念、基本理论知识
			教育技术与课程、教学开发相结合的知识

续表 2

维度	领域	要素	基本指标
专业知识	专业性知识	教育学基本知识	课程、教学知识
			教育科研方法知识
		心理学基本知识	普通心理学知识
			发展心理学知识
		学前教育基本知识	学前儿童心理学知识
			学前教育学知识
			学前儿童卫生保健知识
			幼儿园课程知识
			幼儿教育科研方法知识
		幼儿园管理基本知识	幼儿园行政管理知识
			幼儿园保教管理知识
			幼儿园科研管理知识
			幼儿园总务管理知识
			家长工作知识
			教职工队伍建设知识
			文化建设知识
	实践性知识	园所文化建设知识	幼儿园文化特征的知识
			幼儿园文化创建的知识
		教育教学指导与评价相关知识	促进幼儿发展的知识
			促进教师专业发展的知识
		应激性知识	处理突发事件的知识
			危机管理知识
专业能力	本体性能力	政策把握与执行能力	掌握学前教育相关政策、法律法规
			了解学前教育发展趋势与改革动态
		园所规划、计划能力	了解、诊断幼儿园发展现状
			明确发展愿景、目标
			突出发展规划、计划重点
			保障发展规划实施

续表 3

维度	领域	要素	基本指标
专业能力	本体性能力	园所文化建设能力	建设园所精神文化
			建设园所物质文化
			建设园所制度文化
			建设园所行为文化
		保教工作指导能力	指导保教工作计划的制订
			指导保教工作的组织与实施
			对保教工作进行评价与反馈
		卫生保健工作指导能力	指导卫生保健工作计划的制订
			指导卫生保健工作的组织与实施
			对卫生保健工作进行评价与反馈
		课程领导能力	具有关于幼儿园课程及课程领导力的知识
			具有课程改革与实践的专业精神
			选择与规划幼儿园课程
			开发与建设幼儿园课程
			推动幼儿园课程实施
			组织和开展幼儿园课程评价
		教科研管理能力	发现、筛选研究问题，把握研究方向
			做好课题研究的过程管理
			总结、固化、推广教科研成果
		队伍建设能力	选拔、聘用教职工
			规划教职工队伍建设
			提升教职工队伍素质
			稳定教职工队伍
		指导家长工作能力	指导教师树立正确的家长工作观念，学习家长工作的基本方法
			关注教师与家长沟通能力的提升
			指导教师整合家长资源
		公共关系协调能力	与相关部门沟通、协调
			整合、利用资源
		安全管理能力	组织安全工作
			预见安全隐患并提前预防
			应对和妥善处理幼儿园突发事件
			指导开展幼儿园安全教育
			管理幼儿园信息安全

续表 4

维度	领域	要素	基本指标
专业能力	本体性能力	后勤管理能力	指导后勤工作计划的制订
			指导后勤工作的组织与实施
			对后勤工作进行评价与反馈
	延展性能力	学习能力	信息的捕捉能力
			信息的筛选能力
			信息的加工、利用能力
		反思能力	自我监控能力
			自我评价能力
			自我调控能力
		创新能力	把握前沿能力
			批判思考能力

相对应提炼出的 12 项幼儿园园长应具备的本体性能力，我们又逐一细化出“基本指标”及“培养策略与途径”(见表 2)，在明确园长专业角色的基础上，进一步对园长的工作内容进行分析，同时为园长专业能力的自我提升提供抓手。

表 2　幼儿园园长专业能力(本体性能力)的培养策略与途径

专业能力 (本体性能力)	基本指标	培养策略与途径
一、政策把握与执行能力	1. 掌握学前教育相关政策、法律法规	(1)熟悉幼儿园政策、法律法规的基本体系，包括： · 国家层面的法律法规； · 国家部委颁布的条例、法规； · 地方政府、教育行政部门颁布的地方性幼儿教育法规。 (2)依法治园，包括： · 开展幼儿园相关政策、法律法规的宣传教育； · 营造依法治园的环境； · 加强制度建设，对幼儿园依法管理。 (3)维护幼儿园的合法权益，承担法律责任。
	2. 了解学前教育发展趋势与改革动态	(1)成为办园思想的领导者。 · 躬身实践，学会在实践中深入思考教育问题，让管理生“根”； · 不断学习，善于与自己、同伴对话。 (2)具有敏锐的教育洞察力。 · 广泛涉猎，扩宽自身的教育视野； · 善于发现问题，积极开展行动研究。

续表 1

<table>
<tr><th>专业能力
（本体性能力）</th><th>基本指标</th><th>培养策略与途径</th></tr>
<tr><td rowspan="4">二、园所规划与计划能力</td><td>1. 了解、诊断幼儿园发展现状</td><td>把握幼儿园发展现状，分析幼儿园发展面临的问题和挑战，形成幼儿园发展思路。</td></tr>
<tr><td>2. 明确发展愿景、目标</td><td>树立正确的办园思想，把握办园方向。
·坚持贯彻落实党和国家的教育方针，有正确的办园指导思想，能够带领教职工认真学习有关幼教工作的行政法规和规章，并努力付诸实施；
·及时纠正重教轻保、重智轻德、保教分离等违背教育规律、偏离教育目标的倾向，牢牢把握正确的办园方向。</td></tr>
<tr><td>3. 突出发展规划、计划重点</td><td>充分听取园务会议和教职工的意见，组织专家、家长、社区人士等多方力量参与制订幼儿园发展规划，正确决策，科学制订本园工作计划。</td></tr>
<tr><td>4. 保障发展规划实施</td><td>(1)依据发展规划指导教职工制订并落实学年、学期工作计划，提供人、财、物等条件支持。
(2)对计划的实施过程加强检查督促，及时发现和处理问题。
(3)善于总结经验教训，将有成效的措施与做法逐步标准化、规范化，充分发挥集体的智慧和力量，完成工作计划，实现教育目标，提高管理水平。</td></tr>
<tr><td rowspan="2">三、园所文化建设能力</td><td>1. 建设园所精神文化</td><td>(1)重视幼儿园精神文化建设，关注精神文化潜移默化的教育功能，提升对幼儿园的专业理解与认知。
(2)宣传幼儿园文化建设的基本理论，利用多种渠道，开展丰富多彩的活动，营造专业、科学、和谐的氛围。
(3)加强教师专业知识与方法的学习，引导教师丰富人文、自然知识，提升个人综合素养。</td></tr>
<tr><td>2. 建设园所物质文化</td><td>(1)将安全放在首位，确保场地、玩教具等的安全，积极排查和消除环境中可能存在的不安全因素。
(2)整体设计，合理规划，满足幼儿、教职工的不同需求，营造和谐、统一的环境。
(3)因地制宜，从园所实际出发，整合家长、社区等多方资源。
(4)注重发挥环境的育人功能，重视物质环境创设中幼儿的参与及环境与幼儿的互动。</td></tr>
</table>

续表 2

专业能力（本体性能力）	基本指标	培养策略与途径
三、园所文化建设能力	3. 建设园所制度文化	(1)召开党支部会、园务会、全体教职工大会等，帮助教职工明确制度建设的重要意义。 (2)发动全体教职工参与讨论，在统一认识的基础上制订合适的制度。 (3)建立健全各项规章制度。 (4)强化日常的过程考核，将考核结果与年终考核、调资、职评等挂钩。
	4. 建设园所行为文化	**幼儿园交往行动文化之——教师间交往** (1)和谐相处原则。要做到鼓励教师之间欣赏优点，包容缺点；真诚交流，建立信任关系。 (2)合作分享原则。要做到增加教师交流机会；慎用评比，不用一把尺子衡量。 **幼儿园交往行动文化之——师幼交往** (1)尊重幼儿原则。要做到接纳幼儿的年龄特点；鼓励幼儿大胆尝试；重视幼儿教师的情绪管理。 (2)关注幼儿个体差异原则。要做到接纳幼儿的不同个性特征；鼓励幼儿表达不同观点；敏锐发现幼儿的不同需求与变化。 **幼儿园交往行动文化之——家园交往** (1)平等相处原则。要做到鼓励换位思考，互相理解；满足不同家长的需求；谨慎谈论幼儿的不足。 (2)互动合作原则。要做到培养教师的积极态度；目标一致，合力合作；加强教师的沟通技能。 (3)深入交往原则。要做到增加交往的频率；丰富交往的形式。 **幼儿教师学习行为文化** (1)关注教师学习整体性原则。要做到提供充足有用的学习资源；园长与教师有效沟通，做到期待与理解一致；以多元化路径激发教师主动发展。 (2)尊重教师学习个体差异性原则。要做到倾听并了解教师的学习需要；提供差异化学习培训。 (3)重视教师反思能力原则。要做到鼓励参与式学习、探究式学习和反思训练；给予教师反思的时间。 (4)重视团队合作原则。要做到营造宽松的团队学习氛围；组织多元化的团体学习。 (5)支持教师自主学习原则。要做到给予教师可自由支配的时间；以教师为主导，改变单向的学习模式。

续表 3

专业能力 （本体性能力）	基本指标	培养策略与途径
四、保教工作指导能力	1. 指导保教工作计划的制订	(1)看计划，想实践。结合园长进班看实践获得的第一手材料、信息，审视保教计划的适宜性和可行性。 (2)听思路，细沟通。倾听业务管理者的想法和思路，通过研讨的方式共同制订工作计划。
	2. 指导保教工作的组织与实施	(1)随机和定时进班相结合。 (2)共同经历实践，研讨分析问题，寻找解决办法。 (3)注重个别沟通技巧，树立园长威信。
	3. 对保教工作进行评价与反馈	(1)通过自下而上和自上而下双向结合的方式研究、制定评价标准，开展教育教学工作评价、幼儿发展水平评价。 (2)确保评价过程的公开公正。 (3)对评价结果进行反思与反馈。 ·了解、分析和反思评价结果，予以奖励或查找问题原因，并改进、完善工作计划； ·针对问题与教师或班级进行个别反馈沟通,引导教师调整改进。
五、卫生保健工作管理能力	1. 指导卫生保健工作计划的制订	(1)加强领导，有序安排。 ·成立幼儿园卫生保健工作领导小组； ·制定园所卫生保健检查标准； ·依据标准定期对卫生保健工作进行检查； ·了解当前卫生保健情况，依据所发现的问题制订相应计划并有针对性地予以指导。 (2)明确任务，制订目标。 ·加强卫生保健人员的思想意识和学习，定期组织培训； ·针对上学期出现的问题以及可预知的问题，明确本学期的工作任务，根据任务制定本学期要完成的目标。 (3)突出重点，要求明确。 ·制订具体可行的措施，明确规定各项工作的内容及质量要求。
	2. 指导卫生保健工作的组织与实施	(1)明确卫生保健工作的任务与内容。 (2)加强卫生保健机构和设施建设。 ·配备专职保健人员，设保健室； ·重视卫生保健设施的配制，从行政上和经济上给予保障。 (3)完善卫生保健工作制度建设。 (4)加强卫生保健队伍业务能力建设。 (5)形成卫生保健工作程序。 (6)加强部门沟通与协作。 ·成立相应的协作组织（如膳食管理委员会、卫生检查小组、安全保卫小组等），来完成各项卫生保健工作。 (7)建立家园联系，共促幼儿健康成长。

续表 4

专业能力 (本体性能力)	基本指标	培养策略与途径
五、卫生保健工作管理能力	3. 对卫生保健工作进行评价与反馈	(1)完善检查与评价标准。 (2)多种评价方式相结合。 ·定期评价与不定期评价相结合； ·单项评价与综合评价相结合； ·阶段性评价与结果性评价相结合。 (3)建立科学的评价机制。 ·建立专门的考评小组； ·加强日常考评； ·完善考评程序。 (4)建立有效的反馈机制，及时反馈。 ·考核评价结果要及时公示； ·考核评价结果要正确反馈； ·考核评价结果要充分利用。
六、课程领导能力	1. 具备关于幼儿园课程及课程领导力的知识	(1)了解和反思课程领导和园长课程领导的概念、特征、构成要素、现实迫切性等。 (2)了解和反思幼儿园课程的概念、构成要素和我国幼儿园课程的历史发展等。 (3)结合实践进行反思和总结。
	2. 具备课程改革与实践的专业精神	(1)提升勇于课程改革和实践的自觉意识(专业自信、专业坚守、专业追求)。 (2)提升领导课程改革和实践的自主实践能力(研究幼儿、研究幼儿园课程、研究幼儿园文化)。 (3)促进自身在引领课程改革和实践的过程中不断自我超越(自我培训、专题培训)。 (4)不断反思，明晰课程的价值取向(把握关键要素，掌握方法策略)。
	3. 选择与规划幼儿园课程	(1)掌握课程选择与规划的原则，基于本园特点选择与规划课程。 (2)“博览”多家课程、多种课程表现形式。 (3)对比分析和深入分析，准确判断本园课程的现状和发展目标。 (4)在讨论和实践的过程中摸索、制订幼儿园课程规划，并着力实施规划。

续表 5

专业能力（本体性能力）	基本指标	培养策略与途径
六、课程领导能力	4. 开发与建设幼儿园课程	(1)深入认识和理解课程开发与建设的含义，尤其是理解园本课程的含义。 (2)认识和了解园本课程开发与建设的背景和条件。 (3)掌握园本课程开发与建设的原则、方法与策略。
	5. 推动幼儿园课程实施	(1)构建推动课程实施的领导体系。 (2)推动和保障课程实施的管理制度建设。 (3)遵循推动课程实施的原则(课程领导是核心，发挥教职工的主动性，系统推进，共同愿景)。 (4)在参与和指导课程实践中推动课程实施。
	6. 组织和开展幼儿园课程评价	(1)深刻认识幼儿园课程评价的重要意义。 (2)了解和掌握幼儿园课程评价的功能、对象与类型。 (3)遵循幼儿园课程评价的原则(功能多样性，评价主体多样性，诊断和改进性)。 (4)掌握幼儿园课程评价的组织方法与策略。
七、教科研管理能力	1. 发现、筛选研究问题，把握研究方向	(1)双向互动，聚焦关键问题。 ·园长从自身经验、入班观察记录、家长问卷、教师访谈和上级文件精神等出发，结合园所发展现状，初步确定可作为教科研专题的内容； ·教师聚焦本班幼儿发展、家长工作、教育教学、班级管理等方面存在的突出问题，通过教研组等向园长反映。 (2)借助外力，为我所用。 ·积极与园外科研机构、高校、研修部门及各级主管部门沟通，共同分析并明确幼儿园的教科研思路和基本方向，保证教科研思路的科学性和研究的可行性，提升教科研方向的引领性。 (3)客观分析，准确定位教科研方向。
	2. 做好课题研究的过程管理	(1)园长亲自参与研究，把握教科研过程。 (2)定期了解、检查各项教科研工作的开展情况，做好阶段总结。 (3)合理配置资源，人尽其才，物尽其用。
	3. 总结、固化、推广教科研成果	(1)定期对教科研成果进行总结和梳理，进行阶段性总结。 (2)通过专业期刊发表教科研成果，扩大影响效果和范围。 (3)通过观摩展示的方式，分享和交流经验，进而提高教师的教科研能力。

续表 6

专业能力（本体性能力）	基本指标	培养策略与途径
八、队伍建设能力	1. 选拔、聘用教职工	(1)明确实施原则： ·理念层面：以德为先； ·专业层面：结构合理； ·方法层面：秉持原则； ·全局层面：可持续发展。 (2)选拔与聘用教师的实施途径与方法： ·要关注教师所实习的幼儿园的评价； ·要关注教师对面试问题的回答； ·需要借助一定的工具，有针对性地了解教师； ·保持开放的心态； ·与高校合作培养、选拔； ·要关注园所的可持续发展和人的可持续发展； ·要关注教师成长的关键期； ·要关注教师队伍中的特殊群体。
	2. 规划教职工队伍建设	(1)明确实施原则：先进性、前瞻性、计划性、独特性。 (2)教师队伍规划的实施途径与方法： ·进行教师队伍现状分析； ·明确教师队伍规划的理念与目标； ·明确教师队伍规划的具体思路与措施：自上而下型；自下而上型。
	3. 提升教职工队伍素质	(1)明确实施原则：师德为先、以人为本、质量为先。 (2)提升教师队伍质量的实施途径与方法： ·重视师德建设，提高教师道德素质； ·完善培训机制，有效支持教师专业发展； ·完善教师管理机制，调动教师工作积极性； ·促进教师专业化发展，提升教师队伍质量。
	4. 稳定教职工队伍	(1)明确实施原则：自主原则、幸福原则、服务原则、发展原则。 (2)稳定教师队伍的实施途径与方法： ·环境育人，文化聚人； ·双激励，满足教师需要； ·成就自我，享受幸福； ·心有所属，体验归属感。

续表 7

专业能力 （本体性能力）	基本指标	培养策略与途径
九、指导家长工作能力	1. 指导教师树立正确的家长工作观念，学习家长工作的基本方法	(1)引导教师树立家园共育的意识，明确家园合作的重要性。 (2)引导教师树立正确的家长观，明晰家长的角色定位，对不同类型家长进行分析，采取有针对性的工作方法。 (3)建立有效的家长工作制度和流程，比如，形成家园联系的“三会”模板： ·新教师家长工作的难题分享会； ·经验型教师家长工作的创意会； ·骨干教师家长工作的微课展示会。 (4)引导教师逐步掌握家园形成合力四部曲： ·“拽”出来的前奏； ·“顺”出来的精彩； ·“引”出来的高潮； ·“牵”出来的完美。 (5)指导教师学习、掌握家长工作的基本方法： ·讲课式指导和活动式指导相结合，以活动式指导为主，增强家长的主动性、参与性； ·选择家庭中教子有方的家长组成骨干队伍，促进指导活动的互补性； ·随机指导、个别指导和集体指导有机结合，提高指导活动的针对性。
	2. 关注教师与家长沟通能力的提升	(1)提升教师的沟通意识，通过案例分析、问题解答等引导其学习家园沟通的艺术，丰富其家园沟通的策略与方法。 (2)搭建现代化的家园沟通平台(如 APP、微信公众号)，增强家园沟通的便捷性、实效性、情感性。 (3)开展多种形式的家园沟通： ·随机面谈，彰显师者的智慧； ·集体沟通，亮出专业的水准； ·电话沟通，提纲挈领先梳理； ·书面沟通，传递浓浓的关爱； ·网络沟通，拉近心与心的距离； ·短信沟通，换位思考的理解； ·环境沟通，潜移默化的表达； ·家访沟通，倾听家庭的故事。

续表 8

专业能力（本体性能力）	基本指标	培养策略与途径
九、指导家长工作能力	3. 指导教师整合家长资源	(1)明确利用家长资源的原则： ·机会均等原则； ·双主体原则； ·幼儿为本原则； ·家园双促进原则。 (2)发挥家长的主观能动性，以多样化的形式、灵活多变的方法引领家长参与到教育中： ·家长委员会——人尽其才，资源互补； ·家长志愿者——凝心聚力，牵手前行。
十、公共关系协调能力	1. 与相关部门沟通、协调	(1)谦虚谨慎，好学多问。 ·要不断学习，掌握较为广博的知识，吸收各方面的信息。 (2)主动应对，用足政策。 ·注重采取多种形式与公众交往，并在交往中促进了解，沟通感情，促进发展； ·要主动、积极地宣传国家相关的法律法规和本园的办园理念、成果，争取各级领导、相关部门的重视和支持。 (3)长期规划，适度宣传。 ·建立幼儿园对外合作与交流机制，开放办园，形成幼儿园与家庭、社会(社区)及其他园所间的良性互动； ·加强幼儿园与社会(社区)的联系，利用文化、交通、消防等部门的社会教育资源，丰富幼儿园的教育活动； ·引导家长委员会及社会有关人士参与幼儿园教育、管理工作，吸纳合理建议。
	2. 整合、利用资源	(1)在观念上，树立任何资源都是可用的现代管理理念。 (2)在眼界上，要具有开阔的视野和独到的眼光。
十一、安全管理能力	1. 组织安全工作	全面了解幼儿园安全管理的基本形式和主要问题，对幼儿园安全工作的重要性有全面、深刻的认识。
	2. 预见安全隐患并提前预防	(1)建立科学、规范的安全管理体系。 (2)把安全教育融入一日生活，定期组织开展多种形式的安全教育和事故预防演练。

续表 9

专业能力（本体性能力）	基本指标	培养策略与途径
十一、安全管理能力	3. 应对和妥善处理幼儿园突发事件	制订幼儿园安全应急预案，如公共卫生事件预案、社会安全事件预案、自然灾害安全预案、应急演练预案。
	4. 指导开展幼儿园安全教育	(1)面向不同人群开展幼儿园安全教育： ・对教师的安全教育； ・对幼儿的安全教育； ・对家长的安全教育。 (2)开展多种形式的幼儿园安全教育： ・文字资料的宣传教育； ・事故案例的宣传教育； ・亲身体验的宣传教育； ・走出去培训与请进来培训结合的宣传教育； ・日常生活中的安全教育。
	5. 管理幼儿园信息安全	配备专职人员管理网络，并对本单位的网络使用情况进行监督、检查。
十二、指导后勤工作能力	1. 指导后勤工作计划的制订	基于已有成绩，预测未来发展，制订切实可行而又鼓舞人心的必达目标，做到“长计划，短安排”。 ・集思广益汇问题； ・七嘴八舌说计划； ・管中窥豹订计划； ・逐层递进做计划。
	2. 指导后勤工作的组织与实施	(1)利用心理效应，营造适度、规范的激励环境。 ・瓦拉赫效应：资源优化配置； ・共生效应：前勤后勤齐心做； ・蝴蝶效应：精益求精共努力； ・鲶鱼效应：不拘一格降人才； ・南风效应：心平气和破难题； ・扁鹊兄弟治病：未雨绸缪有规划。 (2)认识“四个理解点”，强化“创新型”人才的培养。 ・理解前瞻性的教育观点； ・理解园所文化理念； ・理解幼儿的年龄特点； ・理解教师的思维特点。

续表 10

专业能力（本体性能力）	基本指标	培养策略与途径
十二、指导后勤工作能力	3. 对后勤工作进行评价与反馈	(1)深入一线，发现问题，现场指导，及时纠错。 ·奖惩机制人性化； ·奖惩机制公开化； ·奖惩机制可操作化。 (2)开展不同类型的过程评价，如幼儿评价、教师评价、园所评价、自我评价、社会资源评价。 (3)搭建平台，进行多样化学习。

园长的专业发展，是对幼儿园园长职业的重新定位，对园长胜任岗位职责应具备的专业精神、专业知识和专业能力提出了更高的要求。通过与北京市一百多位优秀幼儿园园长的共同研究与探讨，分析影响园长专业发展的综合性因素，挖掘影响其专业发展的多种因素，探讨促进园长专业发展的策略，我们最终搭建出园长专业素养的结构框架，并在此框架的基础上编写成本套《幼儿园园长专业能力提升丛书》。丛书以领导力理论和心理学相关研究为新的理论支撑，目的是帮助广大园长从优秀园长专业发展历程中借鉴经验，明确专业发展意识，从而有目的地确定努力方向，从根本上促进园长个人专业发展，进而推进园长职业群体的专业化进程，实现园长专业化；同时为园长专业发展的研究提供事实和理论依据，也为学前教育管理研究奉献绵薄之力。

本套丛书包括 11 本分册，涵盖 12 项幼儿园园长应具备的专业能力（其中，政策把握、规划制订两项能力合为一册）。书中不仅系统梳理了每项专业能力的组成要素、培养策略与途径，而且贯穿设计了案例分析、办园经验分享、拓展阅读资料等多样化的板块，力求使这些专业能力真正做到“看得见，摸得着”，使处于不同发展阶段、不同类型幼儿园的园长更清晰地了解自己所从事岗位的专业要求、内涵以及实施路径，最终达到促进园所保教质量提高，促进幼儿全面、健康、快乐发展的目的。

参与本套丛书编写的作者都是北京市学前教育兼职教研员队伍“园长管理组”的成员。丛书是这个团队全体成员在四年的研究和探讨中，系统梳理工作经验、感悟和思考，提炼而成的有教育理念支撑、有研究过程思辨、有实践经验提升的教育成果。可以说，每一项专业能力都能体现和运用于园长与幼儿、与教师、与家长、与行政部门相处的过程中，每一本书都蕴藏着教育的智慧，都能带给人新的思考。更进一步说，本套丛书是“园长管理组”全体成员对我们所热爱的幼教事业的真诚回报。感谢参与编写的幼儿园园长、教研员以及提供案例支持的幼儿园。主编苏婧负责了整体策划及全书统稿工作。

由衷地感谢北京师范大学出版社罗佩珍编辑，在时间紧、任务重的情况下，正是由于她努力工作，认真负责，本套丛书才得以顺利问世。

期待着《幼儿园园长专业能力提升丛书》能为幼儿园管理者们提供有益的参考，也衷心希望幼教同仁提出宝贵意见。

苏婧

2017 年 2 月

前言

2016年国家教委颁布的《幼儿园工作规程》第五十二条明确提出：幼儿园应主动与幼儿家庭沟通合作，为家长提供科学育儿宣传指导，帮助家长创设良好的家庭教育环境，共同担负教育幼儿的任务。第四十一条规定了幼儿教师的主要职责，其中之一是：与家长保持经常联系，了解幼儿家庭的教育环境，商讨符合幼儿特点的教育措施，相互配合共同配合完成教育任务。同时，《幼儿园教育指导纲要(试行)》指出：家庭是幼儿园的重要合作伙伴。家庭与幼儿园共同担负着促进幼儿身心健康发展的重任。幼儿园是协助家长对幼儿进行教育的重要场所。幼儿园应把家园合作教育纳入整体教育工作计划之中，本着尊重、平等、合作的原则争取家长对幼儿园工作的理解和支持。

这说明作为幼教工作者必须端正认识，把家长工作看作分内之事，而不是分外之事，看作重要职责，而不是额外负担，并且身体力行，认真贯彻。实践证明，要提高幼儿的素质，只靠幼儿园是难以实现的。唯有重视家长工作，努力做好家长工作，帮助家长转变观念，及时与家长进行沟通，让家长主动参与到幼儿园教育中来，使他们成为教师的合作伙伴，才能有效地提高幼儿园保教工作的质量，促进幼儿全面健康的发展。

随着幼教事业的发展，加强家园联系与合作，已成为当代幼儿教育发展的一个重要趋势。在开展家长工作中沟通更成为对教师的基本要求，然而随着园所的迅速发展，教师队伍的迅速壮大，由于缺乏经验，与家长沟通变成了教师开展家长工作中的难题。同时，随着家长多样化个性化的需求，家长工作的内容与途径也要求丰富多样，家长资源的利用更加巧妙有效。本书结合相关内容通过大量的案例，对当前家长工作中存在的问题，以及幼教工作者应对的解决策略进行了解释说明。牵引·牵手·牵心，一个个小故事生动地呈现了幼儿园开展家长工作的实践经验，希望能为园长在指导教师开展家长工作时提供一些依据。由于编者水平有限，书中一定会有不足和错漏，希望广大幼教工作者及其他读者在使用过程中多提宝贵意见，以便今后进一步修改。

编　者

2017年1月

目录

第一章　总　论　001

第一节　幼儿园家长工作的目的与任务　001

一、幼儿园家长工作的目的　001

二、幼儿园家长工作的任务　008

第二节　园长指导家长工作的基本原则　018

一、尊重原则　019

二、服务原则　021

三、预设原则　023

四、层级原则　024

五、多边原则　025

六、无痕原则　027

第三节　园长指导家长工作的制度保障　028

一、建立有效的家长工作制度　028

二、建立家园联系工作的系统　029

三、形成家园联系工作的“三会”模板　032

第二章　理解家长　牵引前行——指导教师转变家长工作的观念　043

第一节　引导教师树立正确的家长工作观　044

一、明晰家长的角色定位　044

二、家长类型分析　046

第二节　家园形成合力四部曲　049

一、“拽”出来的前奏　050

二、"顺"出来的精彩 052
三、"引"出来的高潮 055
四、"牵"出来的完美 059

第三章　沟通为桥　牵心交流——园长指导教师如何与家长沟通 062

第一节　园长指导教师学会沟通 062
一、为教师搭建现代化沟通平台 062
二、为教师架起家园沟通的桥梁 065
三、引导教师学习沟通艺术 067
第二节　与家长沟通的原则 071
一、开放性原则 072
二、首问负责制原则 073
三、筛选性原则 073
四、客观性原则 073
五、针对性原则 074
六、全面性原则 074
七、发展性原则 074
八、深入性原则 074
第三节　与家长沟通的策略 076
一、面对面，提高家园沟通的实效性 076
二、借助载体，丰富家园沟通的情感性 079
第四节　与家长沟通的多种方式 082
一、随机面谈，彰显师者智慧 082
二、集体沟通，亮出专业的水准 086
三、电话沟通，提纲挈领的梳理 098
四、书面沟通，传递浓浓的关爱 098
五、网络沟通，拉近心与心的距离 102
六、短信沟通，换位思考的理解 108
七、环境沟通，潜移默化都是爱 112
八、家访沟通，倾听家庭的故事 113

第四章　资源互补　牵手合作——园长指导教师整合家长资源　116
第一节　利用家长资源的原则　116
一、机会均等原则　117
二、双主体原则　117
三、幼儿为本原则　118
四、家园双促进原则　121
第二节　牵手家长的智慧　122
一、智慧入园“四个一”　122
二、亲密园中“三个互”　127
三、依依离园“两个会”　131
第三节　利用家长资源的策略　133
一、家长委员会——人尽其才，资源互补　134
二、家长志愿者——凝心聚力，牵手前行　137

第五章　实例分析——不同类型家长工作具体该如何做　148
第一节　家长工作一点通　148
一、综合了解为基础　148
二、多元宣传达共识　150
三、全面开放促和谐　153
四、真实体验求创新　154
五、悉心解答重方法　157
六、深入交流共发展　158
七、科学通知共教育　159
第二节　案例回看　164

附录　适合家长阅读的书籍　172

参考文献　174

第一章　总　论

在当代学前教育中，家庭、幼儿园、社会都承担着重要的责任，尤其对幼儿园来说如何与家长实现良好沟通，创造性地指导家长工作更是意义重大。在每个孩子的成长过程中，家庭和幼儿园是影响孩子发展的两大主要因素，只有家庭和幼儿园达成共识，使家庭教育和幼儿园教育结合互补形成合力，才能使孩子获得全面并富有个性的发展。

加强家园联系是幼儿教育取得良好效果的必要途径和重要环节。家园联系应重点围绕幼儿家长、幼儿教师、幼儿园这三方面力量来开展工作。家长是家园联系的第一责任人，应主动积极地参与家园间的沟通和联系；教师则应在家园联系中义不容辞地担当起主要责任人的角色，要有强烈的责任意识；幼儿园是家园联系的坚强保障，是家园交流沟通的枢纽，应创造条件，发挥专业优势，确保家园间信息畅通，共同形成幼儿教育之合力。

第一节　幼儿园家长工作的目的与任务

教育是一项系统工程，儿童的发展受到教育机构、家庭和社会环境等各方面因素的影响。对学前阶段的幼儿来说，家庭对他们未来发展的影响作用更大；同时，幼儿园教育要取得预期成效，也必须取得家庭的配合支持。幼儿园应正确认识并处理园所与家庭、教师与家长的关系，加强家园一体化建设。

一、幼儿园家长工作的目的

（一）做好家长工作有助于实现家园合育

作为幼儿教育的主体，家庭与幼儿园共同承担着教育幼儿的任务，二者缺一不可。然而，当前家庭教育仍然存在一些问题，做好家长工作，是幼儿园取得发展的有力保障。一个园所，必须得到家长的支持，它的发展才是有生命力的，否则不会持久。因此，在幼儿园的日常工作中，我们应充分认识到家长工作的重要性，实现家园合育。

在我国，幼儿园教育与幼儿家庭教育在目标和方向上是一致的，都必须依据国家的教育方针，为培养社会主义建设者奠定良好基础。幼儿园的教师与家长作为教育者，是促进幼儿发展教育的主体。《幼儿园工作规程》指出，“幼儿园应主动与家长配合，帮助家长创设良好的家庭环境，向家长宣传科学保育教育幼儿的知识，共同担负幼儿教育的任务”。

案例 1　欲言又止的妈妈

我们班小美妈妈很少来园接孩子，一天下午接孩子时向我了解了一下孩子的情况，最后还问了问班中小朋友的阅读习惯和语言表达能力。妈妈好像有事还没有说完，其实我也猜到了一点点，但她却停止话题匆匆离去。后来我也听说其他家长一直在相互讨论，询问关于表达能力的问题。通过细致的观察我在班级活动中着重培养孩子的阅读和表达能力：1. 通过图书漂流：借阅自己喜欢的图书；2. 通过借阅图书开展班级故事大王活动：分享自己借来的图书，不仅锻炼了语言表达能力，还培养了孩子的自信心和阅读兴趣。

有的小朋友甚至把自己喜欢的书拿来与大家一起分享，一同走进书的海洋，每位小朋友的阅读能力都得到很大的提高！活动结束后我也及时与小美妈妈打电话联系，询问活动后小美的阅读兴趣和表达能力是否有提高，小美妈妈当时很激动，她对我说：“高老师您真仔细，当时真不好意思说我家孩子的问题，怕给您找麻烦，但您却观察到了！小美最近很爱给我们讲故事，她每天都会把幼儿园小朋友讲的故事和全家一起分享！谢谢您的细心和耐心，孩子得到了很大的提高和锻炼！”孩子有了变化，我也十分欣慰。

幼儿园作为正规教育机构，要把家长工作放在与保教工作同等重要的位置上，充分重视并主动做好家长工作，使幼儿园与家长在教育思想、原则、方法等方面取得统一认识，形成教育的合力，家园双方配合一致，共同促进幼儿的健康和谐发展。

家长是幼儿园的服务对象，这一点是毋庸置疑的，幼儿园应增强服务意识，主动做好工作，为家长提供方便。然而，过去园所与家长的关系常常是将家长看作被动的服务对象，家长到园所只是为听取园所的要求和了解幼儿的表现，而且家园联系仅为单一方向。这种状况与幼儿教育发展的要求是不相适应的。

针对家长与幼儿园关系，我们分别对 60 名幼儿园教师和 60 名家长做了问卷调查。

教师和家长问卷：

您认为家长与幼儿园是什么关系？（多选）

A. 家长是幼儿园的服务对象，是上帝

B. 家长是幼儿园的服务者

C. 家长是幼儿园实施教育的一项重要教育资源

D. 家长是幼儿园的合作者，与幼儿园具有共同的责任

E. 家长是幼儿园发展的支持者

F. 其他

调查结果见下图。

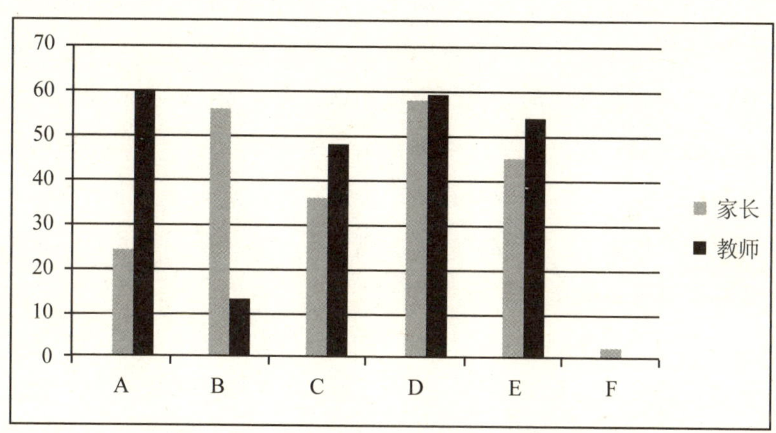

分析调查结果，从家长的角度来说，很多家长认为自己是幼儿园的服务者(56 人，93.3%)，而教师对这种身份定位的认同人数仅为 13 人(21.6%)。从教师的角度来看，100%的教师认为“家长是幼儿园的服务对象，是上帝”，而家长认同此观点的人数仅为是 24 人(40%)。这两项数据说明，家长与教师都非常尊重彼此的地位，肯定彼此的价值，存在相互服务的关系。同时我们看到，家长和教师对 CDE 三项的看法都比较一致，也就是说家长和老师一致认为，家长是幼儿园实施教育的一项重要教育资源，家长是幼儿园的合作者，与幼儿园具有共同的责任，家长是幼儿园发展的支持者。

事实上，从幼儿园的教育与管理过程看，家长是教育的合作者，也是重要的教育力量和资源。幼儿园教育要取得成效，必须得到家长的积极配合和参与；家长的关心、支持和监督评价也是搞好幼儿园管理，提高工作质量的促进因素；从幼儿园的社会生存与对外交流环境看，家长是幼儿园走向社会，获得广泛理解支持，扩大教育和服务功能，以及树立园所自身良好形象从而扩大影响力的重要中介和桥梁。

幼儿园要努力做好家长工作，争取他们的理解、支持，配合激发其参与幼儿园教育与管理的积极性，形成家园教育的合力。

（二）做好家长工作有助于提高家教水平

家庭是儿童成长发展的第一环境。由于家庭对儿童的影响最直接，家长与儿童有着亲密的关系，因而对其健康发展所起的作用是重要而又十分独特的。近年的一些研究表明，幼儿期的孩子由于年龄小，对家长的依赖性大，依恋情感深，家庭的影响作用就更大。家庭教育对幼儿的影响是幼教机构不可替代的，同时对幼教机构保教质量也是一个不容忽视的影响因素。一般来说，家庭教育的特点或优势体现在：家长与幼儿之间是血缘亲情关系；家庭成员间在时间和空间上交往互动频繁，接触亲切；家庭主要是在日常生活中进行教育，可以随时随地、潜移默化地感染和影响幼儿；家庭教育是一种个别教育，是一对一进行的，甚至是几个成人对一个幼儿的教育；家庭教育更应侧重引导儿童学习做人，学前阶段的教育主要在于培养幼儿良好的品德行为习惯等。

家长是儿童的第一位教师，但他们毕竟不是专业的教育人员。许多家长往往只是按照自然法则扮演家长的角色，并不了解幼儿教育的真正含义，缺乏科学的方法，在教育观念和教养方式上存在着种种误区和偏差。相当一部分家长自身的文化水平和文明素养也不尽如人意，这样会使幼儿受到不同程度的消极影响。

案例 2 有意义的假期

这次假期时间变长啦！我们不能让这个假期白白浪费，放假之前我给班里每位小朋友都做了一个分析，每位小朋友都各有所长，为了让孩子的发展更全面，我设计了一张假期日历计划表，计划表中有拼图，讲故事，做家务劳动，绘画，运动等。每天让小朋友自己计划自己的活动安排，用文字，图片展示都可以。

短短的一个假期结束后，孩子返校后有了不同的改变。在新学期，孩子们都有了自己奋斗的目标。小蚯蚓告诉我他想当护旗手。我说："护旗手是有进步的小朋友才可以当的，你想一想你哪方面还需要改进?"他想了想说："我要坚持早睡早起，每天坚持来园做早操。"等到我们班升国旗时他真的做到啦！妈妈也和我反馈说最近回家按时睡觉，早睡早起，特别棒！以前总是赖床不爱起，希望他可以继续保持！其实一点点的付出，发展了孩子的计划性和执行性，多想点，多做点，孩子们的发展也就更多一点。

幼儿园及其教师要了解和分析家教的特点与问题，通过家长工作，引导帮助家长，改进家庭教育，树立正确的教育观、教养态度和方法，提高科学育儿的自觉性，发挥家教优势，给幼儿以积极良好的影响。

（三）做好家长工作有助于利用家长资源

随着教育的发展，幼儿园课程也在不断地进行改革。如今每个幼儿园都在努力探索适合自己幼儿园实际的园本课程，而实践告诉我们，在课程建设的过程中，教育资源的利用至关重要，其中就包括家庭资源的利用。

幼儿园课程在实施过程中，往往需要有一定的物质材料的支持与准备，比如一些图片、知识资料以及与主题相关的道具材料等。光靠教师一人收集往往是十分有限的，只有我们平时重视家长工作，努力做好家长工作，动员家长和孩子一起收集、准备，才能使我们的活动开展得更加生动、活跃。工作中，我们不难发现，现在的孩子已不同于以往的孩子，他们的知识已不再局限于在幼儿园学到的，他们提出的问题有时甚至连教师也回答不上来。那么，在信息社会的今天，我们就可以发动家长，让他们协助上网查阅资料，或者教会孩子如何从广播、报刊等媒体中主动获取信息资料，提高孩子的学习能力，满足孩子的求知欲望。同时，我们还体会到，在课程实施的过程中，往往一些家长自身就是现成的教育资源。比如：有的家长是邮递员，有的家长在医院工作，有的家长是计算机专家，那么，如果我们能主动争取这些家长，让他们参与到我们的课程中来，为孩子介绍自己的工作单位，介绍自己的工作情况，介绍自己所从事的工作与人们生活的关系等。这样，不仅可以使课程的内容更加丰富和生活化，而且组织形式也更加活跃和贴近孩子的生活，同时还有利于提高孩子的学习兴趣，从而使孩子得到全面、健康的发展。由此可见，重视家长工作，努力做好家长工作，就能争取家长参与到课程建设中，并且可以充分发挥这些家庭资源的优势，以便更加有利于我们的课程建设。

(四)做好家长工作有助于促进教师成长

现代社会对教师素质与能力的要求越来越高。其中，开展家长工作已成为每个幼儿教师必须具备的基本能力之一。能否成功地开展多种形式的家长活动，也可以体现教师开展家长工作能力的高低。如果我们重视家长工作，努力做好家长工作，学会与不同的家长沟通，那么，久而久之教师开展家长工作的经验就会越来越丰富，与家长之间的交往能力就会越来越强。

众所周知，家长是孩子的第一位老师，也是终生老师，孩子与家长相处的时间比教师多。因此，和教师相比，家长更了解自己孩子的脾气、性格与兴趣爱好，在教育孩子方面或多或少会积累一定的经验。虽然这些经验不一定都是成功的经验，但肯定也有我们教师可以借鉴的地方。因此，如果我们重视家长工作，努力做好家长工作，平时能多开展一些诸如“家长座谈会”“育儿经验交流会”等活动，让家长畅所欲言，相互交流，对教师来说，无疑也是一个良好的学习机会。从与家长的交流中，我们不仅可以进一步了解孩子在家的表现，及时调整自己的教育目标，使自己的教育更加有针对性，同时，还可以发现自己在教育工作中的不足，以便把今后的工作做得更好，使自己不断成长起来。

(五)做好家长工作有助于促进园所发展

幼儿园服务的对象是孩子与家长，如果我们能在尊重孩子的同时，做到尊重家长，在争取和吸引家长主动参与幼儿园活动的同时，鼓励他们提出宝贵意见，在工作中加以重视并及时反馈，那么家长就会感受到幼儿园对他们的尊重，从而增加对教师工作的信任。如果我们能做好家长工作，一心为孩子着想，全心全意为家长服务，尽自己最大的努力为家长解决一切后顾之忧，家长把孩子送入幼儿园时就会更加放心，家长对幼儿园的信任度就会增加。如此一来，家长就会更加积极地参与家园共育活动，发挥自己的聪明才智，为幼儿园献计献策，从而保障幼儿园各项工作的顺利开展。此外，作为园所领导者，我们可以多征求家长的意见，从家长的视角了解幼儿园发展的方向，了解家长们的关注点，幼儿园在教育观念、教育方法上还存在哪些误区，使幼儿园及教师及时调整自己工作，以便把今后的工作做好，从而促进幼儿园的可持续发展。

(六)做好家长工作有助于促进社会和谐

幼儿园不仅仅是一个教育场所，更是一个将社会联系在一起的大环境。它把园所的老师、各行各业的家长及老人联系到一起。一个孩子的健康和快乐，直接决定了一个家庭的和谐与幸福。我们幼儿园以做好家长工作为主要目标，间接促进了社会的和谐发展。家庭是幼儿成长的摇篮，合作、宽松、融洽的合作教育是连接幼儿园和家庭的一根纽带，通过幼儿园的教育活动提高家庭教育能力，激发家长的参与意识，发挥合作效力，产生教育共识。家庭和教师自然是这项工最主要的设计者和建设者。他们之间应该建立一种平等、友好、互相尊重的教育伙伴关系；营造一种宽松、融洽互相帮助的合作教育氛围，这是搞好家园合作教育的必要前提。做好家长工作能加快社会和谐的步伐，使家长和教师尽快产生诚挚的合作愿望，共同促进幼儿成长。

案例 3 园所活动进社区

由于我们草桥园活动场地有限，所以有时候我们的活动会在社区花园进行，而每每这时，都会有许多带着孩子来围观的家长。所以我们班决定将园中精彩活动带到社区，不仅能让社区家长了解老师，还能满足社区居民的娱乐需求。

于是，几天后我们组织了一场社区亲子运动会，没想到参加活动的家庭有三十多个，加油助威声此起彼伏，无论是孩子和家长，还是我们都非常兴奋。

有位阿姨说："姑娘，这是你们组织的活动呀？有没有组织老人的活动啊？"我说："这是我们了解到小区的孩子喜欢跟我们老师一起活动，于是组织了这次活动。您希望我们组织什么活动呀？"阿姨说："跳广场舞就行，上次看你们带家长跳的就听好，这边没人组织，想跳都得去别的小区。"我说："那我们商量商量，如果我们组织，您真来吗？"阿姨说："来啊，肯定不少人来呢，这多近呀。"

回去的路上，我把和阿姨的对话跟同行的老师说了，老师们说："可以呀，又是好事，又可以锻炼身体。咱们跟齐老师说说吧。"齐老师听后，说："当然好了，只要你们愿意，我大力支持。"

于是，我们的社区舞蹈队成立了。居民们都称我们为社区美女志愿者呢！活动两周后，当问阿姨们有什么感受时，有的阿姨说："通过健身，现在睡眠特别好。"有的阿姨说："这个操真好，动作简单，好学还能做到位。"有的阿姨说："天天跳这个，浑身都有劲了。"有的阿姨说："那是真高兴，一听到音乐心情就特别好。"阿姨们朴实的话语让我体会到了活动的价值，懂得了何为党员们所奉行的脚踏实地为人民服务，更感受到了为人民服务的快乐。

不跳不知道，一跳才知道其中的辛苦，每天晚上6点到8点跳广场舞，回家时间更晚了，熬夜工作成了常事。

看到我们这么辛苦，当初提议的阿姨说："姑娘，你们这么辛苦，我们都心疼了。要不别跳了。我们是放松，锻炼身体。你们白天还要上班呢。"我们说："没事阿姨，以后我们轮流带大家跳。"

就这样，我们每天两人一组轮流带大家跳，一直坚持到队伍中有人能带着大家跳了。整个过程虽然辛苦，但我们都乐在其中。

活动过程中，有不少人劝我们别跳了，但我们并没有放弃。还有不少人问我们"是什么让我们一直坚持"。开始我们说："因为已经开头了，不能随便放弃。"而现在沉下心来细想之后，我们会说："是一幼党组织带给我们的一种精神，服务的精神。"活动过程中，齐老师的建议与支持其实就是一位党员老师为人民服务意识的体现，更是对我们思想和行动的引领。

二、幼儿园家长工作的任务

北京市贯彻《幼儿园教育指导纲要(试行)》(以下简称《纲要》)实施细则中明确指出"家长是幼儿成长中的第一任教师，也是幼儿最持久的教师。家长的教育理念和言行直接影响着幼儿身心发展。他们对幼儿游戏和活动的关注以及所表现出的兴趣，与幼儿的进步、发展有着密切关系。家长与教师的有效合作，对幼儿的身心发展、游戏水平以及学习能力都会产生积极而深远的影响"。

家长不仅是幼儿教育的重要资源，更是幼儿园教育的重要合作伙伴。只有家长有效地参与幼儿教育，才能使幼儿真正健康成长。家庭是幼儿园的重要合作伙伴，家庭与幼儿园共同担负着促进幼儿身心健康发展的重任。幼儿园是协助家长对幼儿进行教育的重要场所。幼儿园应把家园合作教育纳入整体教育工作计划之中，本着尊重、平等、合作的原则，争取家长对幼儿园工作的理解和支持。

《纲要》中也明确提出了幼儿园应当完成的家庭合作任务。

第一，通过定期召开家长会、向家长开半日活动等多种途径，让家长了解幼儿在园生活及发展情况，主动听取家长对教育工作的意见和建议。

第二，建立教师与家长联系制度。教师应根据每个幼儿及其家长的实际需要，采取适当的形式与家长沟通，共同研究教育幼儿的策略。

第三，利用家长的教育资源，丰富扩展教育内容。让家长了解本班的教育目标和教育内容，主动参与班级的教育活动。

第四，通过咨询、讲座、研讨、交谈、亲子活动、记录幼儿成长档案及网络互动等方式，引导家长树立正确的教育观念，掌握科学的育儿方法，优化家庭教育水平。鼓励家长相互学习，经常交流育儿经验。

作为园长，必须把家长工作放在重中之重的地位，建立合理的家长工作制度，指导教师做好家长工作，在教师和家长之间建立一种相互信任的良好关系，主动承担向家长宣传先进幼教理念和方法，指导和帮助家长提升育儿能力的责任。当前幼儿园教师应在以下几个方面提高对家长工作的认识。

(一)与时俱进，传递科学育儿理念

家庭教育对幼儿的影响往往是深远的，然而，当前的家庭教育中存在诸多问题，需要我们正视并给予纠正。

1. 家庭教育观念不统一

案例 4 育儿理念不统一

周一早上入园后可可妈妈看见我，欲言又止，我觉得她应该是有什么事情，所以主动询问。谁知妈妈还没有张口眼泪就掉了下来。“张老师，我都对孩子的教育没有信心了。”我一边认真倾听一边安慰她：“您压力别那么大，孩子身上存在问题是正常的，不是还有家人和我们老师吗？”“谢谢您，张老师。您说的对！我们家现在的问题是每个人对可可的教育都各执己见，都快乱套了！从小我和她奶奶一直一起带她，我对孩子的态度就是能自己做就让她自己做，而奶奶是能帮她做就帮她做。就拿吃饭来说吧，可可吃饭慢，一边吃一边玩，奶奶怕饭菜凉了就喂她吃。我就希望给她规定时间，吃不完就不给吃了。她爸觉得应该多给她做点爱吃的菜，这样就能吃得快了。总之，我们看法都不一致。昨天晚上，都九点多了可可还没有洗漱，我叫了几次她都没动，一直在看书，奶奶在一边说，今天下午睡多了，晚点睡就晚点睡吧。您说是不是应该让孩子的生活有规律，不能想怎么着就怎么着……”可可妈妈话语间带着无奈与无助，我答应她有机会跟奶奶聊聊。

可可家出现的问题在当今很多家庭都存在。4-2-1 的家庭模式让孩子成为家庭的中心，大家都在“尽心尽力”为孩子的成长服务，但两代人的生活背景不同往往导致教育观念也不相同，即便是孩子的父母也会因生活经历、思维方式等方面

的差异出现教育观念不一致。

2. 重智轻德、重知轻能，忽视全面发展

案例 5 拔苗助长

“老师，咱们大班都学什么？学拼音吗？”每到中班第二学期就会有很多家长向老师询问。因为升小学的压力，家长都希望孩子在大班能多学些知识。还有不少家长对老师这样说：“李老师，麻烦您给孩子留点作业，您留的孩子做，我们自己留不管用。”似乎到了大班孩子的童年就没有了，愉快的游戏被不适宜的学习取代，家长们在社会压力下对孩子的期望值越来越高。

妍妍姥姥经常跟小区里的爷爷奶奶夸自家孙女：“我家妍妍可聪明了，一岁多就能数到 100 了，现在能认识 1000 多个字了，还会说英语呢……”

在一些家长的意识里，幼儿学习知识是第一位的，因为知识能够看得见用得着。尽管老师也在一直告诉家长 3～6 岁是幼儿养成良好习惯、培养社会交往能力、解决问题能力、激发学习兴趣的黄金时期，家长虽能理解但仍不能改变其教育理念。当今社会上报道的超常儿童也是导火索，如音乐方面的超常，美术方面的超常等，于是一些家长们不断挖掘孩子的潜能，力求把孩子培养成知识型超常儿童。一些本应是天真烂漫无忧无虑的孩子，开始背负着父母的沉重期望，学英语、背唐诗、学钢琴、读名著、学跳舞、练网球，没有节假日，没有自由活动时间，一天到晚都安排得满满的。专家认为，在一个人的成长过程中，幼儿时期是影响他们性格和品质的重要阶段，能否拥有一个幸福的童年，将对一个人的一生产生极为深刻的影响。孩子的童年应是无忧无虑的，儿童本身所具有的童年时期的特征是幼稚的，天真活泼的，“大自然希望儿童在成人以前就要像儿童的样子。如果我们打乱了这个秩序，我们就会造成一些早熟的果实，它们长的既不丰满也不甜美，而且很快就会腐烂：我们将造就一些年纪轻轻的博士和一些老态龙钟的儿童”。教育要遵循孩子年龄发展的规律，不要盲目地相信诸如“不要让你的孩子输在起跑线上”之类的煽动性的话。杜威说过，人的成长是各种能力慢慢成长的结果。儿童天性的发挥，能力的成长都是有一定程序的。家长们应明确学前教育的目的，不应该把自己主观的意志强加给本可以天真烂漫成长的儿童，应尊重儿童自身的发展，注重幼儿的全面发展。

3. 重生理、轻心理

“宝贝，吃饱了吗？今天吃的什么?”接园时贝贝妈妈见到孩子第一面就问这些话。丫丫妈妈在接园时直接问老师：“老师，今天丫丫大便了吗?”而且不止她一个人，大多数家长都会在接园时这样询问，很少有家长观察幼儿的情绪并询问“今天在园玩得高兴不高兴”等问题。

日常生活中，孩子吃不下饭，或长不高，或生病，家长总会很担心，却很少关注孩子心里好不好受，情绪怎么样。佛山市家庭教育指导中心的袁朝霞表示，家长们对孩子重生理轻心理的管教方式，其实就是孩子们产生逆反心理的一大原因。

据介绍，孩子有两个逆反期，3～7岁时想要活动上的独立自由，11～18岁时想要精神上的独立自由，因此了解孩子的心理，用成长、发展的教育眼光来关爱孩子非常重要。然而，在幼儿园阶段这种重视幼儿生理健康而忽视心理健康的现象也普遍存在。

4. 忽视对孩子独立人格的尊重

案例6 尊重孩子的选择

“张老师，麻烦您点事!”

“您说。”

“您能把我们家峰峰和涵涵分开吗?”

早上送园时峰峰的妈妈对我提出了这样一个要求。听到后我预感一定是有什么事，然后继续问道：“为什么呀？有什么我能够帮上忙的吗?”峰峰妈妈看看我，表情有些不好意思，犹豫了一下便开口说：“也没什么，就是峰峰最近总和涵涵一起玩，我觉得应该让他和优秀的孩子一起，多向他们学习。”我听明白了，峰峰的妈妈对班里孩子存在着一些看法，于是我追问道：“那您知道峰峰为什么愿意和涵涵在一起玩吗?”“哎，这个我还真没问过!”

“据我观察，峰峰和涵涵最近喜欢上了公交车的游戏，每天午睡前取拖鞋的时候峰峰和涵涵一个在前一个在后，手拿着小拖鞋当方向盘，嘴里还叨唠‘上我的公共汽车吧!’看着他俩的游戏我都觉有意思。”峰峰妈妈认真地听着我的讲述，好像想到了什么，“张老师，您说我的想法对吗?”我笑了笑说：“您回去先问问峰峰为什么喜欢和涵涵一起玩？咱也了解一下孩子的想法。”峰峰妈妈点点头离去了。

在这一案例中，导致峰峰妈妈对孩子缺少了解的原因是家长忽视了对幼儿独立人格的尊重。幼儿虽小，但也是独立的个体，有其独立的思维和想法，有主观意愿。而当前的一些家庭会出现诸多问题，如：在思想上、行为上包办代替过多；采取不符合幼儿年龄特点的方式对幼儿进行惩罚或奖励；不询问孩子的意愿为孩子进行人生规划等。孩子是需要教育的，不经过长期的科学的教育，孩子不能成人，也不能成才。然而，教育只有在尊重人格、维护尊严、保证权利的前提下进行，才可能培养出"人"来。对孩子人格的尊重，会使孩子更加自尊，有了自尊，才可能自强。家长应该尊重幼儿的独立人格，尊重幼儿必有的尊严和必有的权利。

5. 随意性大，缺乏明确的目标

案例 7 盲目的选择

接园时，家长们在大门外聊着天。琪琪妈妈问乐凡妈妈："你家乐凡在外面报补习班了吗?"

"报了呀，你们没报呀?"

"我们还没报呢，这两天我一直想这个事，不知道大家都报了什么。"

"你问问老师，我觉得李老师的建议还是挺真诚的。"

"是啊，我一会儿问问。琪琪奶奶听说小区里一个比琪琪大一些的小姑娘在外面学习舞蹈，前几天还去市里参加比赛，她也想让琪琪学舞蹈了。"

从家长的交流中可以感觉到家长对幼儿发展的思考，不仅询问同伴还会征求老师的建议，但细细分析，家长对幼儿的发展目标是否明确呢？是否根据自家幼儿的特点和幼儿发展规律来规划幼儿的发展呢？案例中呈现的也是当前家长在教育子女中出现的普遍问题：对孩子的发展没有明确的目标，多半是人云亦云，随波逐流。孩子的发展谁来做主？这应该是家长思考的问题。在孩子尚小的童年阶段，家长的意见便起到了决定性作用，因此家长更应该进行长远的合理的发展规划，避免随波逐流，让幼儿遵循科学的发展规律富有个性地成长。

家长毕竟不是专业的教育人员，并不完全了解幼儿的心理发展规律、特点及在教育上应采取的相应措施，教育观念可能不正确，再加上有些家长受自身文化素养的限制，有时可能不冷静，过于急躁、片面，提出的意见、要求可能不太合理。这时，园长和教师应理解并包容家长，帮助家长冷静下来，然后向家长摆事实讲道理，向他们介绍国家的教育方针，引导他们树立正确的教育观念，还可以有意识地为他们讲授相关的育儿知识等。如果家长提出的意见、要求合理可行，园长和教师就应当积极采纳，实施有效的改进措施。

6. 家园对孩子的有效学习观念不一致

案例 8 幼小衔接

今天大班刚刚召开完家长会，就听几个家长在楼道里大声议论，声音还有些激动。我没有急着走上前，而是在旁边听家长议论。也想了解一下家长的真实的想法与困惑。其中一个人说："听老师说今年幼儿园不教汉语拼音了，这还了得啊。"一个也接着说："是啊，这肯定不行啊，我们有一个同事，孩子上小学二年级，听说当时就没有上学前班，现在汉语拼音也掌握不好呢，基本上老师天天请家长，把我们同事愁的啊。""我有一个邻居也是这样啊，孩子也没有提前上学前班，现在后悔的把后槽牙都快咬断了，孩子跟不上也没有了学习的自信，老师还经常把孩子留下来，全班同学都笑话他，也没有小朋友和他玩，急得他妈妈总是掉眼泪。""孩子小时候家长盼着孩子长大，现在孩子马上要上小学了，又开始着急学习成绩。""幼儿园老师讲的我都认同，但我们在中国啊，还能真像老师讲的似的，只关注孩子的能力发展，不以孩子的成绩作为评价孩子的唯一标准?""我可不相信，起码现在不相信。""我们班还找来了一个现在上二年级的家长和学生现身说法呢，看来幼儿园为打消我们家长的顾虑还真是想了不少的办法呢，但我还是怀疑她家孩子学习成绩那么好，难道真没有上过学前班吗？我表示怀疑，但学生也是这么讲的啊。""人家孩子聪明呗，有的孩子就是学习的料，听说孩子的汉语拼音只学习两周呢。"大家七嘴八舌，你一言我一语地都在讲自己的看法。

许多家长在孩子上大班时才开始特别重视小幼衔接的事情，但家长基本只重视知识的习得，如汉语拼音学习、思维课程学习等、让孩子把有限的时间用在培训和所谓的学习知识上、减少甚至停止孩子娱乐活动。一切时间都用来学习，真像百米冲刺，甚至有许多家长认为这是孩子的学习起跑线，如果这时候不做好准备，就会影响孩子一生的发展。还有甚者把生活中孩子应该自己解决的问题也都包办代替了，如随季节天气穿脱衣服的能力、能够根据身体需要主动饮水的能力等，节省出所谓有限的时间都让孩子与课本的死知识深度交流。这样教育出来的儿童只能看到分数，只考虑自己，变得越来越自私。现在很多儿童都不会照顾自己，更别提主动关心别人的需要。

其实幼小衔接并不是家长认为的知识的衔接，也不是教师认为的眼前需要的衔接，因为有这样的对衔接的认识，所以幼儿园就会出现只有大班才去参观小学、才有收拾小书包、10分钟我们可以做什么、认识文具等活动。明明知道是抛开知识后的能力的衔接，为什么衔接只在大班时才进行呢？以孩子为中心的幼小衔接才是最为关键的，它是孩子需求的衔接，是孩子获得可持续发展的衔接，更是一种潜移默化隐性教育的衔接，它需要了解每个孩子的需求和特点，为孩子量身定做一个适宜的发展规划。这是幼儿园对幼小衔接的认识，但因为存在着家园对孩子有效学习观念不一致的问题，导致了家长的牢骚和不满。

当前幼儿园的教育日益科学化、规范化，因此对家长育儿观念的引导与指导也刻不容缓。只有家园对幼儿发展的认识和观念一致后才能形成有效的家园共育，为幼儿全面可持续发展提供服务。

名人名言—家庭教育

1. 孩子们的性格和才能，归根结底是受到家庭、父母，特别是母亲的影响最深。孩子长大成人以后，社会成了锻炼他们的环境。学校对年轻人的发展也起着重要的作用。但是，在一个人的身上留下不可磨灭的印记的却是家庭。

——宋庆龄

2. 教人要从小教起。幼儿比如幼苗，培养得宜，方能发芽滋长，否则幼年受了损伤，即不夭折，也难成材。

——陶行知

3. 家庭教育必须根据儿童的心理始能行之得当，若不明儿童的心理而要施以教育，那教育必定没有成效可言的……总起来说，小孩子(1)好游戏的，(2)好奇的，(3)好群的，(4)好模仿的，(5)喜欢野外生活的，(6)喜欢成功的，(7)喜欢别人赞许他。

——陈鹤琴

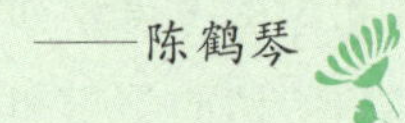

(二)携手并肩，提供优质教育服务

《幼儿教育学》中指出：幼儿园的任务之一是为家长工作、学习提供便利的条件。幼儿园不仅是一个教育机构，也是一个社会服务机构，有为在园幼儿家长服

务的任务。幼儿园保护和照顾幼儿有助于解决家长参加工作、学习而子女无人照顾的问题。因此，如何在新时期创新工作思路，努力提高服务家长的意识，对提高幼儿园的办园水平有重要的意义。

园长要对幼儿园的性质和任务认识得非常清楚，能够真正地把家长当作幼儿园服务的对象，积极主动地成为家长和教师沟通的桥梁。家长既是幼儿园服务的对象，又是幼儿园工作的合作者、监督者和评价者。家长到幼儿园不只是听幼儿园的要求、了解幼儿在园的表现，还有权利对幼儿园工作发表意见、提出建议。园长和教师应虚心地接受家长的批评，听取家长的意见。同时，作为公益性服务机构，保教好幼儿、服务好家长是幼儿园的任务，其中保教好幼儿是基础、是主导，是设立幼儿园的根本目的，也是家长们最关心的问题。在出现家长问题时，园长对待家长的态度和行为必须得当。幼儿园也正是通过保教好幼儿为家长服务的。因此，当家长在保教工作方面有疑惑和要求时，比如，当家长怒气冲冲地发泄对教师工作的不满时，园长不能与家长针锋相对，激化矛盾；也不能推卸责任，对家长爱理不理；而是要先稳住局面，弄清情况，进而消除误会，并主动道歉。园长和教师要尽可能耐心细致地帮助家长，较好地发挥幼儿园的社会职能。

（三）放眼未来，奠定孩子持续发展的基础

邓小平说：教育要面向未来，就是要求以长远的、历史的战略眼光办好当前的教育。教育是培养人的复杂社会活动，培养人才的周期比科技开发和经济活动的周期都要长，教育的效益往往在十几年或几十年后才逐步显示出来。由此可见，教育不仅仅是重在当下，更需要着眼于未来。教育的基础阶段就在幼儿园，然而幼儿园的教育不仅是基础性教育，也是面向未来的教育，在此基础上幼儿园的教育更是为孩子终身发展服务的教育体系。

幼儿园教育以培养幼儿“个人修养、社会关爱、自主发展、合作参与、创新实践”为核心素养，培养幼儿成为具备适应终身发展和社会发展能力的人。幼儿园不仅仅要服务幼儿，使幼儿获得全面发展，服务家庭，让家长安心工作。更重要的是幼儿园还担负着帮助家长解决教育问题、更新教育理念的责任，保证家长能够进行适宜的家庭教育，同时家庭也需要和幼儿园共同探讨教育观念，达到教育的一致性。但是社会中也不乏这样的观念：认为教育幼儿是幼儿园的事，家长只管孩子的生活琐事即可；有家长认为自己的文化教育水平不高，索性放弃对幼儿的教育。然而我们知道，家庭是幼儿园的合作伙伴，是幼儿成长发展的最初环境，也是最重要的环境。在幼儿时期，孩子对家长的依赖性较大，所以家庭对幼

儿的影响就更大。

《幼儿园教育》中曾有这样一句话“忽略了一个家长，就等于放弃了一个孩子的教育”。因此，幼儿教育应该将幼儿园教育和家庭教育相结合，携手合作，共同促进幼儿的全面发展。

案例 9 于悄声处听忧虑

3 月一个周五的下午，我邀请去年毕业的孩子李伊娜做客我们大四班，和孩子们交流小学和幼儿园的不同。李伊娜像个小老师一样站在活动室最前面耐心回答弟弟妹妹的问题。孩子们的问题和我预想的相似，无外乎小学的作息时间、需要带的物品、午餐吃的食物、午休做的事情等。四十分钟的互动问答结束后，还没有到离园时间，于是孩子们和姐姐一起玩玩具。

三五个孩子围在一起，悄悄地聊天。我走过去，听他们的窃窃私语。

彤彤说：“姐姐，小学老师是不是很凶啊，动不动就会撕作业本，我特别害怕。”

“不会的，我们老师没那么凶。”李伊娜安慰道。

文文头贴着李伊娜的头，问：“我总憋不住要去上厕所，老师让去吗？我妈说上课不能去厕所。”

“我们老师会说‘跟风’，不让去。”小姐姐乐呵呵地说着，没有发现文文已经撅着嘴走开了。

木木见文文走了，小脑袋也凑过来，问道：“姐姐，你们作业多吗？写不完怎么办？”李伊娜“噌”地一下从书包里拿出记事本，念道：“3 月 21 日，作业有：背诵第 12 页课文，做数学第 9 页练习题……反正不少。”“能写完吗？我写字慢。”木木继续问道。“写不完就晚点睡觉，我就是这样。”小姐姐满不在乎地说。

小美胖乎乎的小手递给李伊娜一个小贴画，问道：“要是吃不饱，给老师要饭，老师还给吗？”想到每顿饭保育老师都会额外给饭量大的小美多盛一些，我忍不住笑了。小美冲着我说：“刘老师，不许偷听我们说话。”我便走开了。

听完孩子们和李伊娜的谈话，我很吃惊，大班的孩子已经懂得哪些问题可以当众提问，哪些问题需要私底下请教，这是他们社交能力的进步，更多的是对我作为教育者的警醒：课程要有，但不是形式，孩子们需要在个性化的交流中，不慌不忙地幼小衔接，集体问题集体解决，那么个性化的情绪焦虑更需温柔以待。只有个体的情绪衔接完善，幼小衔接的过程才会蓬松柔软、花开似锦。

孩子们与小姐姐的悄声密谈改变了班级原定计划，个性化的情绪衔接成为下一步的重点。于是我设计了以下的幼小衔接环节。

看一看：小学到底是什么样呢，需要孩子实地去看一看，带着目的去看才能对比父母所描述的小学、自己想象中的小学与真实小学的区别。参观小学之前，我们请孩子们把自己心里最害怕的画面画出来，孩子们的作品让我震撼，有的画出生气的老师，有的画出直挺挺坐着的小人，有的画出全是红叉叉的作业，有的画出小嘴巴闭紧禁止聊天，更有画出端杯子喝水的画面……参观小学回来后，再让孩子们讲述自己的担心，很多孩子都释然了，原来小学是另外一番样子：老师虽然讲课时间长，但都是笑着讲课；小学生上课手是放在桌子上，不用直挺挺坐着；作业本上红叉很少，还有小印章作为奖励；课间的时候小朋友可以相互聊天；下课了老师会提醒大家喝水……通过参观小学，孩子们心里的“石头”被搬走了。

问一问：参观小学的计划中，我们和小学老师协商，增加了一个环节，那就是“询问环节”，给孩子们自由交流的时间，让大班孩子针对自己关心的问题找哥哥姐姐咨询。孩子之间畅所欲言达到的效果远比成人苦口婆心的说教更有效。班中大雨跳绳能力弱，知道小学一年级体育课有跳绳项目测试，特别担心，不断地问一个小哥哥：“我怎么办呢?”小哥哥把头一扬，说：“我教你”，拽着大雨到操场上，然后边跳边跑，绳子抡着大幅度，大踏步往前迈，示范几下就说：“我就是这样慢慢练的，先抡绳子跑着跳，然后原地跳。”大雨回到幼儿园后就是用这个方法逐步学会了跳绳。

试一试：看过、问过之后，我们开始“试一试”。蒙台梭利说过：“我听过了，我就忘了；我看见了，我就记得了；我做过了，我就理解了。”只有真的尝试了才能抚慰心中的不安，我们把小学低年级的老师请进幼儿园，让大班孩子尝试跟随小学老师的话语、提问、语速、教学形式、要求、坐姿等进行多次活动，这不仅让孩子感受到新鲜，更感受到挑战。与幼儿园老师温和的提醒不同，小学老师会简单简洁地说出要求，例如“请你举手回答问题”“不能随意打断别人”“头正腰直，身坐正”等。每一次小学老师的到来，孩子们都会有所期盼，因为在熟悉的环境中接受新的规则实属一件惊喜之事，拓展孩子们的心智空间，激发孩子们的天性，更让他们对未来的小学生活有了情感上的期盼，正如班中正正姥姥所言：“小学老师来上课的那天，送孩子到幼儿园的时候，我离开时正正挥手和我说：‘我上学了，再见。’”

变一变：每个小孩心中都有一个小宇宙，小宇宙的爆发需要催化剂。变一变大班的学习常态和生活常态，陪伴他们走过一段不一样的学前时光才是"为人师"的情义常态。大班最后一个月，幼儿园的小杯子变成自己带来的水壶，课间十分钟听不到老师的唠叨提醒，按照课表整理小书包来园，孩子任务的传达变成老师和家长互通有无的桥梁。改变作息、改变模式、改变方式等，让孩子们逐步消除情绪上的焦虑。

最后，套用芭学园李跃儿老师的一句话："孩子是脚，教育是鞋。"教育是为了协助人更好地适应和发展。当孩子站在幼小衔接的门槛，开启新的成长征程，我们要做的不仅仅有口号式的加油鼓励，更有深入孩子内心的情绪疏通和安抚。或许，学习的不适应在半年内会有所改变，但个体情绪上的抵触会持续许久，所以，不要忽视情绪情感上的幼小衔接，悄悄走近孩子，解开每个孩子真正忧虑的心结。

第二节　园长指导家长工作的基本原则

导入　办公室的沙发

在一次参观学习活动中，我发现一个奇怪的现象，有一所幼儿园的办公室里没有沙发。原来，幼儿园的行政人员比较少，为了提高工作效率，避免行政人员聊天，这所幼儿园规定办公室里禁止摆放沙发。

幼儿园的管理中处处都是问题，看到了其他幼儿园不一样的做法，我开始思考如何营造一个积极的办公环境。我想，人与人之间的沟通非常重要，应该营造一个井然有序而且有利于相互交流的工作环境，办公室里放沙发有利于人与人在轻松的氛围中交流，并能够拉近彼此的距离。老师与家长聊天，才能了解家长的需要，解决家长的问题，发现幼儿园的不足，在聊天中我们还能获得很多有价值的信息，比如家长会告诉老师预防孩子感冒的小窍门，幼儿园哪些细节做得不够，还有哪些是需要改进的等。园长与教师聊天，可以了解他们生活、工作当中遇到的问题和困难，帮助他们积极调整并有效应对。

记得去年和一位孩子的妈妈聊天，得知她患有黑色素瘤，每天都在艰难地和疾病进行斗争。与此同时，她们家也面临着经济上的巨大压力。那时候，这位妈妈几近绝望，想想到处都是用钱的地方，本来就是工薪阶层，上有老下有小，她又不能上班，还要治病。现在我还清楚地记得那天我和孩子的爸爸聊天的情景。那是交托费的最后一天，孩子的爸爸来到幼儿园，问财务的老师能不能过几天再交。财务的老师说："我们幼儿园是有规定的，要不我帮您问问园长吧。"就这样，他来到了我的办公室。看到这位父亲疲惫的样子，我能体会到他内心巨大的压力。为此，我们决定免除孩子在幼儿园的一切费用。我知道，作为一个父亲，他不需要安慰，但是我提醒他，在家庭遭到如此巨大压力的时候，一定要关注孩子的心理健康。事后，我跟班里的老师沟通了这个孩子的情况，希望教师平时多注意并照顾孩子的情绪。

可以说小小的沙发上的一次园长与家长之间的交谈可以带给家长无限的安慰与关心。幼儿园的家长工作大多数都是教师直接开展的，作为园长应该做些什么？园长应开拓思路并向保教主任和教师布置家长工作计划，家长工作开展的指导思想会指引教师做好家长工作，引导家长支持幼儿园和班级的工作，做好家园共育。那么，教师开展家长工作时应该把握哪些原则呢？

一、尊重原则

在日常的家长工作中，班级教师是组织实施的主体，开展什么样的活动以及如何开展都应该尊重教师的意见，信任教师、支持教师，充分发挥教师的主观能动性，避免从上至下一刀切的做法。另外，园长经常会遇到家长反映各种各样棘手的问题，这时既要考虑家长的需要，还要考虑教师的心理感受。为了取得这两者的理解，园长需要摆正心态、冷静应对、积极反思，找到问题的症结，对症下药，才能逐渐消除家长的疑虑，同时帮助教师不断完善自己的工作。

案例 10 从幕后到台前

一年一度的秋季运动会就要拉开帷幕。在会议上，我像往常一样公布了运动会的活动方案，并给各班布置了任务。老师们按部就班地开始了运动会的筹备工作：练队列、练项目，练韵律操。教师忙碌的身影背后，我隐隐感到他们情绪中的一丝惆怅。

一天中午，在餐厅吃饭时，我听到老师们在热烈地讨论着什么。只听到张老师说："我们运动会宣传的是阳光体育精神，在家长与幼儿亲子项目的基础上，应该让家长也参加到活动中来。可以让家长们也进行运动项目的表演，既能为运动会助兴，又能为家长提供展示的平台。通过家长的展示，树立家长在孩子们心中的地位，更能激发小朋友们锻炼的欲望。而且家长通过运动还可以锻炼身体，养成锻炼的好习惯。"张老师的一席话，一时间得到了大家的一致同意，更激发了大家的讨论热情。

张老师的话也引起了我的思考。幼儿园每年都有很多大型活动，每一项活动的开展都是保教主任亲力亲为。从活动方案的设计到人员的分配，再到活动的组织。虽然每次活动组织得都很成功，但没有老师们的创意参与其中，老师们遇事不动脑筋，久而久之，就形成了依赖思想，一切等主任的调派。为了改变这种现状，我们应该让老师们成为活动的主人，充分发挥老师们的创造力。

午饭后，我和老师们在一起讨论即将召开的运动会，鼓励大家都提出自己的合理化建议。老师们热情高涨，兴高采烈地讨论着，从自荐主持人到运动会流程的改变，再到家长参与表演等，老师们各抒己见，提出了很多宝贵的建议。最后，我请老师们将自己的建议整理成提案，然后逐一介绍，最后由大家选出最佳的运动会方案。在方案的分享与讨论中，每个人都洋溢着工作的激情，每个人都充满着工作的智慧。

在热情与期待中，由教师们自己策划的运动会圆满落下帷幕。我更是收获颇多，我从老师们身上采集到了许多创意的火花，拓展了我的工作思路。园长的使命，就是为教师的成长搭建发展的舞台，帮助他们成长，为他们喝彩，不断激发教师拥有成就感，建立归属感、责任感及荣誉感，让教师们感受职业的幸福。

案例 11　家长有意见了

9月中旬的一天，十几位家长约我见面，希望与我沟通。以前，家长也会经常向我提一些意见，但像这次，十几位家长一起找我，还是第一次。原因是大家对中一班的宋老师不满意，认为她没有责任心，不爱孩子，导致孩子们最近特别不愿意上幼儿园。听到这些我很惊讶，因为这和我了解的情况有很大出入。

宋老师工作很认真，照顾孩子细致周到，还承担了大量的公开课任务，得到了专家的好评。于是，我请家长们具体说明老师有哪些事情做得不好，以帮助我了解和分析事情的经过。一位家长说：“孩子总是不想去幼儿园。以前在小班的时候可愿意来了，现在升中班了反而不愿意上幼儿园了，不是老师不好是什么原因呢?”另一位家长说：“以前小班老师经常主动聊孩子的情况，现在我们想和老师聊，她都不愿意和我们多谈。”家长们你一言我一语，一致要求更换教师。

我静静地听着大家的意见，脑中却在快速地分析事情的起因及应对的策略。由于幼儿刚升入中班，教师也随之更换，教师需要一段时间了解孩子，与家长建立信任关系。此时，教师应加强与家长之间的沟通，否则就容易造成相互之间的隔阂与不理解，这才是症结所在。

为了避免增加宋老师的心理负担，我没有立刻就找她谈话，告诉她家长来找我谈换老师的事情，而是让保教主任到她的班级里观察一段时间，了解她带班及与家长交流的情况，并有针对性地给予指导。同时，还安排多次家长开放日，让家长亲自感受教师的工作，消除家长因道听途说或按照主观判断而形成的错误想法。眼见为实，当家长亲眼见到宋教师踏实而又细致的工作后，逐渐消除了原来的误解。一个月后，我再次征询家长们的意见，大家纷纷表示对宋老师的理解与尊重。看到事情圆满解决，我心里长舒了一口气。

在教师做家长工作出现问题时，园长不是“救火队员”，而是“引路者”，引导老师去思考、分析并实施策略。

二、服务原则

幼儿园是专业教育机构，对幼儿的发展负有责任，同时对幼儿家庭也负有责任。幼儿园做家长工作的目的是取得家长的支持与配合，形成家园一致教育，让幼儿更好地发展。在做家长工作中我们要明确幼儿园服务的主体是幼儿，家长是和我们一起携手共育幼儿的人。所以在家长工作中要给予家长知情权，调动家长的积极性，秉承着服务幼儿，服务家长的原则开展一切活动。家长的教育理念更新了，教育意识提高了，家园共育工作就会顺利开展，幼儿的成长也会更快乐、更适宜。

案例 12 家长园地的老花镜

家长园地是每个班级的环境一角，在家长园地会张贴一些教育动态信息，借此来指导家长。往往各班都会在版面布置上下功夫，制作得很漂亮，但在展示内容、文字大小、字体选择、辅助工具等方面欠缺研究与思考。为什么要创设家长园地？有多少人看？什么人会看？大家有什么反馈？这些引起了我们的思考。老师们对自己班级家长园地使用情况进行观察，了解使用人群和实际问题，并在一起讨论如何在家长园地给家长提供更便捷的服务。经过讨论，家长园地的内容变得丰富了，针对不同人群提供了不同辅助材料，投放了放大镜、老花镜，方便老人看清文字信息。家长园地更新调整后吸引了更多的家长，从环境上做到了服务于家长。

案例 13 书香满园

如今在离园时间，还能看到幼儿园的操场上、教室里、走廊中，家长与幼儿正一起津津有味地阅读图书，这是幼儿园的图书开放日。而几个月前，这些图书还被静静地锁在图书柜里，珍藏在资料室中。

那是一天早上，我看到中班的一位家长正在给一本图书拍照。出于好奇，我走上前跟这位家长打招呼。他说他的孩子很喜欢幼儿园的图书，而他又不能把这些书都买回家，就想到了把图书都拍下来，回家放在电脑里和孩子一起看。家长的举动触动了我，我能为他们做点什么呢？

我组织老师们一起讨论这个问题。反思我们的工作，幼儿园每年都会在图书上投入大量的资金和精力，为孩子们购买适合他们阅读的各类图书。原以为书买来了，投放到各班了，孩子们就能受益了；而忽视了该如何充分利用这些图书，如何加快图书的流动性，让孩子们都能读到自己喜欢的书。经过讨论，大家一致认为，虽然幼儿园的图书都摆放在走廊的书柜里或投放到班级，图书也是定期更换，但并没有充分利用。大家纷纷提议，成立一个幼儿图书馆，建立借阅制度，允许家长和孩子将幼儿园的图书借回家阅读。这样不仅可以充分利用幼儿园的图书资源，而且能够增强家庭与幼儿园教育的一致性，更好地实现家园共育。于是，我们幼儿园设立了图书馆，陆续投放了一万多册图书，家长、幼儿纷纷都来图书馆看书或者借阅。孩子们比以前更爱读书了，学会了借阅图书，也更加爱护图书。一时间，幼儿园里弥漫着书香。

幼儿园的图书是锁在书柜里，还是自由开放供家长和孩子借阅，小小图书馆里的景象就是最好的回答。不管收藏了多少图书，如果没有为孩子们创设一个良好的读书环境，让这里的每个人都爱书、爱读书，随时随地都可以读到自己喜欢的书，购买再多的图书又有什么意义呢？愿我们每个人身上都散发着书香，让满园书香伴随孩子们的童年。

作为为社会服务的教育机构，幼儿园教师要有服务家长的责任感和使命感，要把教育幼儿、引导家长作为我们的责任。

利用幼儿园的资源，主动为家长提供帮助和指导，为他们创设良好的环境，而不能为了好管理，将家长拒之门外。

三、预设原则

家长是幼儿园的重要合作伙伴，对幼儿园的决策具有知情权。当幼儿园进行一些政策上的调整时一定是从幼儿发展的角度出发的，即便这样一些家长仍然不能给予正确的理解和支持。那么每当这个时候园领导应该具有较强的敏感性，增强问题的预设能力，根据细微情况洞察问题并能够采取一些合理的方法解决问题，从而规避一些不必要的麻烦。如每逢升班，有可能会出现小班扩招，为了保证班额合适会采取中大班幼儿适度并班合班的方式，这样可缓解适龄儿童入学率问题。但在合班中会出现一系列问题：分哪个班？分到哪个班？哪位老师跟班？这些问题势必会引发家长的不满情绪。在领导班子会中应对可能产生的系列问题进行预设，并采取有效措施。如在合班问题上可采取家长决定的方式，涉及的幼儿家长自行进行抽签，给予每位家长均等的机会与选择权，并在小班入园时让家长了解一些相关的情况，有思想准备。较完善的问题预设能够规避后续一些问题的发生，促进家园顺利合作。

案例 14 带着微笑离开

一次，我去保健室跟保健医生谈工作，正好有位家长前来询问为幼儿办理退园手续的事情。保健医生应答着“可以”，也没有了解家长退园的原因，就痛快地为其办理了手续。负责招生的老师小声嘀咕道：“多转走几个才好呢！后面排队的孩子可多呢，一个都进不来，正着急呢。”

招生老师说得没错。现在幼儿园的入园压力这么大，有很多孩子都排着队等着入园，但名额有限，我们也很为难。不过，转念一想，为什么那么多家长使出浑身解数，要进我们幼儿园，而这位家长却要给孩子办理退园呢？这其中一定有什么原因吧！我们总是跟教师说不要“吃老本”，我们管理者也不能“吃老本”呀！尽管这几年幼儿园的办园质量赢得了家长的口碑，但我们也不能满足于现有的水平，应当不断听取家长的意见，提高我们的教育质量、办园水平。想到这些，我赶紧跑出了医务室。

我追上那位家长，他见我朝他走来表情有些紧张，还以为办理手续遇到了什么麻烦呢。“您好！我是这所幼儿园的园长，我想了解一下您给孩子退园的原因。我们这么做的目的是想发现我们幼儿园的问题，以后好改进，更好地为孩子、为家长服务。您要是发现我们幼儿园有什么问题，请您尽管提出来，我们会非常感谢的！”家长听我这么说，大概是有点惊讶，他先是愣了一下，然后说道：“这也是我们当初选择咱们幼儿园的原因，咱们幼儿园的服务意识这么强，我也舍不得让孩子退园。好不容易才进来，孩子也很喜欢幼儿园，很喜欢老师，但是我们要搬家，新家离幼儿园实在太远了！”听到这里，我心情一下就放松了，“很高兴孩子曾经在我们这里上幼儿园，相信他很快就能适应新环境的。”家长带着微笑离开了。

教师们对待这件事情的态度，让我意识到作为园长应该重视的问题，不能因为幼儿园的招生状况好，就自我满足，沾沾自喜，裹足不前。自满只会让我们变得封闭，阻碍我们前进的步伐。后来我组织行政人员讨论并制定了《离园幼儿情况调查表》，不仅引起了大家对这个问题的重视，而且将该项工作制度化。

作为园长，需要有敏锐的洞察力和忧患意识，不放过任何一个可能发现问题的现象或机会，将问题消灭在萌芽状态，这样才能游刃有余地面对纷繁复杂的工作。

四、层级原则

家长工作是幼儿园工作的一部分，对任何一个幼儿园来说让园长事事躬亲是不可能的，尤其在家长工作方面园长应该统一理念，采取分级管理的方式，园长——保教主任——年级组长——班长——教师，做好自上而下的统一部署。同时保证问题收集、方法研讨从下而上的畅通。形成阶梯式互动，有计划地衔接与分解，有工作组织与实施的监督、反馈和评价。

五、多边原则

家长和幼儿是幼儿园的服务对象，家长工作是幼儿园工作的主要内容之一。作为园长应该明确幼儿园中的每一个工作者都应是家长和幼儿的服务者。从园长、主任到教师、保育员，甚至幼儿园中的保洁、安保人员都需要与家长进行沟通。如果你在百度中搜索某幼儿园，常会看到这样的评论“幼儿园的老师态度很好，就连保安都很热情”“幼儿园很整洁，每天早上幼儿园的玩具都被擦得干干净净，孩子们很喜欢”。当然也不乏负面的评论“幼儿园不能随便进，上次隔着门想问一个保洁员事情，她都没理我！这种爱答不理的态度让人接受不了。一个保洁员都这么牛，可想而知老师的素质也好不到哪去”。听到这样的评论，我们的感受是不同的，但给我们传达的信号是相同的——家长沟通不只是教师的事。幼儿园的每一位工作人员都是园所文化和教育理念的传达者。每个人的态度、语气、语言甚至园所环境都在时时与家长进行着沟通，让全员都能与家长进行适宜沟通，做好家长工作是优秀园长的职责之一。

案例 15 “抹布园长”的微笑

最初创办幼儿园时的经历，使我养成了一个习惯，每天早上，我都会早一点来幼儿园拿着抹布擦一擦操场上的大型玩具。每天刚打扫完，还没有来得及把抹布送回去，孩子们就陆陆续续来园了。我经常拿着抹布站在幼儿园的门口和孩子们问好，为此，家长们给我起了一个绰号“抹布园长”。

一天，我像往常一样，早早来到幼儿园擦拭园里的大型玩具。一位家长走过来问：“请问招生办公室怎么走呀?”我一抬头，看见一位妈妈领着一个小女孩站在我面前。小女孩穿着一条粉色的小裙子，头上扎着两个小辫子，两个大眼睛水汪汪的，长长的睫毛像两排小刷子一样。大概是第一次来幼儿园，她好奇地四处看着。我告诉家长，我可以先带她们过去，然后笑着对小女孩说：“小姑娘，早上好！欢迎你来我们幼儿园，看我们这里有这么多玩具，你喜欢这儿吗?”小姑娘往妈妈的身后靠了靠，很腼腆地点点头。看着小姑娘可爱的样子，我别提多喜欢了。我把家长送到招生办公室，然后和小姑娘说再见。

过了一会儿，招生办的老师看到我，笑着跟我说："朱园长，刚才您带进来的那位家长什么都没问就决定入园了。"我很迷惑地问为什么。招生老师说："那位家长说，你们幼儿园的清洁工都那么有礼貌，那么喜欢孩子，教师的素质一定就更高啦!"我听后，不禁笑起来。但是，笑过之后，我却陷入了思考，幼儿园真正吸引家长、吸引孩子的是什么？除了硬件设施，最重要的还是人文环境。以往的工作中，我们总是非常强调教师的职业道德与个人修养，而对清洁工这些后勤工作者，总是强调要把卫生打扫好，而对他们的个人修养，以及该如何与家长交流，如何与孩子交流则没有提出什么明确要求，没有重视这个问题。

园长利用全园会的时间，把这件事情与大家一起分享，让大家都认识到，每一个人都是幼儿园的一部分，自己的一言一行都影响着幼儿园的形象。幼儿园是一个整体，幼儿园的文化是由身在其中的每一个人营造的，无论是清洁工还是园长，都是普通的一员。

在开展家长工作的过程中，园长与孩子的互动是有效开展家长工作的媒介。每日早来园、晚离园以及一日生活的其他环节，园长都应该认真倾听孩子的谈话，观看孩子的表现，从孩子与材料的互动中找寻工作的出发点，进而促进孩子的发展。园长作为教育思想的传递者，身边的教育事件、教育资源、教育智慧都会潜移默化地影响周围的人。

案例 16　滑梯谁做主？

谁是研究的主人？我一直认为教师是研究的主人，从一次与孩子的意外交流，我惊喜地发现孩子们才是研究的小主人。研究离开孩子就不生动、不切实际。生活中教师要学会感受幼儿的心灵，了解幼儿的想法，让幼儿成为自己生活的研究者。

大班操场滑梯改造的很多想法就来源于孩子。以前自由活动时间，滑梯总是孩子们的首选，而近两年选择滑梯的孩子越来越少。是玩具多了孩子选择的空间大了吗？我们开始倾听孩子的声音"这要能像体能运动场里的滑梯多好啊""我上次在游乐场还玩了高空滑道呢，特别刺激""还应该安点索道，那个好玩"。听到孩子们这样的聊天，我们在行政会上讨论：要不要把它换掉？如果换掉它，对孩子们来说价值有多少？如果在旧滑梯上改造，可以怎么改？最后，我们认为滑梯既然是孩子们的，就该由孩子来决定。于是我们开展了滑梯设计活动。孩子提出很多想法“这如果有个坡能让我们跑上去就好玩了”“如果这里有一个小荡桥就有意思了”“要是能做一个长长的通道把我运到沙池多好”。孩子们的想法真是太让我欣喜了，我们一定要帮他们实现心中的愿望。于是玩具改造开始了。改造的玩具是不是真正能符合孩子的发展需求呢？我们组织了一次很有意义的现场研究活动。把教研搬到了户外，站在这个大型玩具上，跟环境进行互动研究。

孩子们说：“哇！这么高能不能行？”几个男孩子勇敢地试了试，但都跑到中间就滑了下来。孩子们想了想说：“要是有跟绳能拉着就好了。”于是斜坡上多了一根绳子。有个孩子说：“我还想跟他比赛呢，要是有两根绳多好啊。我又不能跟他拽一根绳。”于是斜坡上变成了两根绳子。两个孩子拉着绳子上去了。孩子们成功爬上滑梯拍手击掌的过程，其实就是让老师们真正感动的过程。我们也感到，让幼儿成为研究的主人的时候，尊重幼儿意愿的时候，会给我们带来喜悦，其实这就是研究的价值。

六、无痕原则

大家都听说过“破窗理论”吧？如果有人打碎了一栋建筑上的一块玻璃，又没有及时修复，别人就可能受到某些暗示性的纵容，去打碎更多的玻璃。在我们平时的生活中，许许多多的事情又何尝不是在环境暗示和诱导下行事的结果。在优雅洁净的场所，我们都会保持安静，不会大声喧哗；相反，如果环境脏乱不堪，那四处可见的都是打闹、咒骂等不文明的举止。因此要想引导一个好的环境，除了要维护，还必须及时修好“第一扇被打碎玻璃的窗户”。

那么在家长工作的指导中也可以利用破窗理论，通过观察发现“典型”，达到榜样学习的效果。一方面敏锐发现教师中家长工作的示范典型，大力宣传让大家看到、听到、学到；另一方面还要察觉家长工作做得不够好的人和事，及时并悄悄地纠正和避免。这样对教师的家长工作是一种无痕的指导，利用了人们效仿学习时的心理效应，有效并巧妙地将对家长工作的指导蕴于无声之中。

温水煮青蛙：在温度变化明显的情况下，青蛙可以迅速跳出。而当水温变化很微小的时候，青蛙就难以察觉，而失去逃生的机会。幼儿园工作也是这样，如果工作中出现的问题没有及时指出和纠正，那么小错就会酿成大错。

蝴蝶效应：20世纪70年代，美国一个名叫洛伦兹的气象学家在解释空气系统理论时说，亚马孙雨林一只蝴蝶偶尔振动翅膀，也许两周后就会引起美国得克萨斯州的一场龙卷风。也就是说，初始条件十分微小的变化经过不断放大，对其未来状态会造成极其巨大的影响。

第三节　园长指导家长工作的制度保障

一、建立有效的家长工作制度

建立幼儿园家长工作制度是为了实现幼儿园家长的工作目标，对幼儿园家长工作和教师的要求加以条理化、系统化，规定出必须遵守的行为准则和工作规程。作为幼儿园园长，为了提高幼儿教育的整体效能，促进幼儿的全面发展，促进幼儿园、家庭、社区教育一体化，有责任使家长工作做到制度化、系统化。

幼儿园应建立合理、完善的家长工作制度，比如建立家长委员会、自上而下做好家长工作计划、做好家长联系工作、成立家长学校，组织各种形式的家长活动、建立家园联系制度等。应该通过规章制度的建立和执行，使家长工作程序化、规范化、科学化，这对提高家长工作效能和提高教师家长工作能力都具有重要意义。

案例17　家长工作制度

为了提高幼儿教育的整体效能，促进幼儿的全面发展，促进幼儿园、家庭、社会教育的一体化，使家长工作做到制度化、系统化，特制定以下家长工作制度。

一、建立健全家长委员会

1. 家长委员会由各班选出3名家长代表组成，家长委员会是幼儿园园务委员会成员之一。

2. 每学期初召开家长委员会会议，商讨幼儿园重大工作，制订工作计划，年末家长委员会向家长汇报总结家长工作。学年中根据幼儿园工作需要，委员会可随时召开会议。

3. 建立家长委员会，定期召开会议，每学期两次。幼儿园向家长委员会汇报幼儿园工作计划和工作情况，虚心听取意见，不断改进工作。

4. 家长委员会应通过各种形式听取并及时反映家长对幼儿园工作的意见和建议，协助幼儿园组织交流家庭教育经验的活动。

二、做好家园联系工作

1. 建立家访制度。新生入园前家访，以后每学期普访一次，1天不来的幼儿进行电访或根据情况家访，对个别特殊幼儿或遇到问题应随时家访，并做好记录。

2. 建立家园联系，每周向家长公布教育教学内容，评定幼儿在园表现，期末对幼儿进行全面评估，写出幼儿发展评估报告。平时利用家长接送幼儿的时间，随时做好家园联系工作。

三、成立家长学校，组织各种形式的家长活动

1. 每学期初召开一次家长会。

2. 每学期开展3次家长观摩或家长参与的半日活动。

3. 每学年召开一次家庭教育经验交流会。

四、家长联系制度

1. 园内和各班设立“家长园地”，宣传科学育儿的知识。

2. 各班根据幼儿发展情况每日选择3名家长进行面谈。

3. 各班定期向家长开放半日(每学期至少2次)，让家长了解幼儿的生活和学习情况，虚心听取家长意见，改进本班工作。

二、建立家园联系工作的系统

教师和家长曾被称为“自然同盟”，因为他们有着共同的目标：希望儿童尽可能地发展他们的潜能。虽然他们有很多共同点，但教师和家长并不总是能够愉快地合作。比起过去，现代生活的复杂性使教师和家长之间的相互理解显得格外重要。教师如何看待家长以及家长如何看待教师和园所看似无足轻重，可实际上对优化教育服务来说十分关键。若想做好家园合力教育工作，幼儿园的教育工作者还需要思考幼儿园与家庭的共性与区别，在理性认识的基础上明确目标、找到合适的家园联系的工作方式。

(一)幼儿园和家庭的共性与区别

1. 共性

虽然学校教育和家庭教育是两回事，但它们之间存在一些共同的要素。教师和家长都承担着教育和抚育儿童的责任。教师和家长的工作环境也有相似之处。教室的私密性(有教师称之为孤独性)使它常常被比作“流落在外的家庭”。无论教师或家长都需要不遗余力地付出，仅仅是倾听孩子的语言、观察孩子的行为就需要特别的专注力。除此之外，耐心，是教育和养育孩子中不可缺少的品质。

2. 区别

与其他类型的工作相比，教学工作是独特的，因为与工人或其他职业工作者不同，教师面对的是天生富于变化的材料带来的一系列挑战。但是家长也必须应对孩子不断变化的特点，而且他们与孩子相处的时间远远超过教师。实际上，身为父母的教师会表示，教学的难度根本比不上做父母所面对的挑战。从育儿书籍的大量发行就可以看出家长多么需要指导和支持。

这些共性与区别被大家所认识，作为园长应该清楚家长与教师对彼此的态度会影响家园工作的效果。家长的态度影响教师的精神状态。对教师来说，受到重视和尊重是非常重要的，缺乏这些是教师倦怠或压抑产生的主要原因。在当代社会，教师受尊重的程度不如从前。但是有一点很明确：如果要让教师有效地进行教学，就必须消除家长和感到不被尊重的教师之间的误解。那么园长在对教师的家长工作指导之前不仅要规范家长工作制度，还要从宏观层面思考家园联系工作的系统，让教师在日常的家园联系工作中有明确的工作方向和思路。

(二)家园联系工作系统

1. 日常性工作

家园沟通不能只是单一开展某项活动，因为幼儿的发展是一个不断变化、动态渐进的过程，家园应围绕幼儿的教育与发展情况进行经常的、多种方式的及时沟通。建立经常性工作模板，可以将家园联系工作以日常的形式渗透到一日在园活动的各个环节中，让家长及时、有效地了解幼儿的在园情况。日常性工作包括每日与家长的面谈，班级发布各种家园共育的通知、教学小任务、温馨提示，幼儿在园活动的视频、照片等内容。这些工作是家长对幼儿园活动了解的最普遍渠道，也是家长对幼儿园工作的支持与配合的前提。

另外要明确的是，沟通不应只是幼儿园单方面向家长反映、汇报幼儿在园的表现，家长也需将幼儿在家的情况反馈给老师，只有这样才能取得共识，实现同步教育，促进幼儿发展。家园沟通双方都有责任，但幼儿园应更主动，幼儿老师要为顺畅的沟通创造条件，建立多种多样的经常性沟通方式，根据实际需要，灵活运用，并采取创新的方法。作为教师，要了解家长对孩子教育的需要，尽可能地满足他们的合理需求，当他们的需求得到满足时，家长工作就特别容易开展，家长参与活动的积极性就会增大，从而激发他们参与幼儿园教育的兴趣和热情。

父母对幼儿适当保护、关心越多，幼儿发展越好，越容易形成对父母的安全依恋，而这种依恋能使幼儿表现出很强的好奇心，对成人也较少有抵触情绪。因此，面对家长工作忙、时间紧张的问题，首先要从纠正家长观念入手，摆正家长在教育幼儿方面的位置，加强情感和时间投资，多留时间给孩子，与孩子一起玩耍并照料孩子，使孩子获得情感满足，这样才有利于幼儿的身心发展。

2. 个别化工作

沟通有面向全体家长、部分家长和个别家长等多种方式，但由于幼儿的情况各异，家长的情况各不相同，因此除大量经常性的沟通以外还须有个别化的工作。个别化的沟通包括两方面：一方面要着重于针对每个幼儿的不同问题和不同家长教育上的问题进行改进，以促进每个幼儿的身心获得健康发展；另一方面要从不同阶段个别化幼儿园活动的角度与家长进行沟通。

孩子是有差别的，家长也同样是有差别的。相比孩子之间的差异，家长之间的差异更为明显，并且这种差异几乎是客观存在的，但是不管是怎样的家长，都有着同样的心愿，是将孩子教育好。从这方面来说，教师对每一位家长都应同等对待和倾注同样的关心，学会与每一位家长交流，交流孩子在园的表现，交流孩子的可喜进步和存在的不足，让每位家长感觉到教师对自己的重视，否则他们就会根据自己的直觉去判断其他可能发生的情形。当然，如果部分家长受到教师较多的关注，而其他家长却没有得到的话，一旦被这些家长察觉到，就非常容易引起他们的不满，不利于家长工作的开展，因此教师要一视同仁，和每一位家长进行较深层次的互动沟通，与其成为朋友。

针对一些有特殊困难的家长们，园长要合理安排时间，选择采取集体式或个别式家长工作方法。

幼儿园要服务于家长，就需要充分考虑到家长的实际困难，对工作忙没有时间入园和老师进行沟通的家长，可以多采取家访、电话访、邮件联系等方式，让家长及时了解幼儿的情况；也可采取在不影响幼儿的情况下，有效借鉴美国开放式教室的做法，让家长在自己方便的时间里，随时了解幼儿的在园表现；对下班晚来不及接孩子回家的家长，幼儿园可采取临时托管的方式，安排教师轮流值班，减少家长的后顾之忧，使幼儿园的家长工作更加人性化。

从幼儿园方面来讲，为更好地全面开展家长工作，则应进一步有机结合集体与个别式家长工作，使每次活动都能有所成效。如有全班性的重大活动(学期初、学期末家长会)需要全体家长共同参与外，教师可以在尊重家长隐私的前提下，建立班级家长档案，组建家长活动小组，如统计家长基本情况、家长的教育观念、参与幼儿园活动的情况等，充分分析家长的教育行为，清楚了解家长的需要，在教师分析归纳的基础上，将家长分为不同的活动小组。比如关心幼儿园课程的家长组、关心幼儿性格养成的家长组、常由老人或保姆带小孩的家长组等，教师可以有针对性组织不同组别的家长开展活动。当然，各组之间的活动也可以分开或交融，如其他组的家长对开展活动的内容感兴趣，教师也要欢迎他们参加。这样一来，一方面可以加大个别交谈的密度，又可控制不必要的时间和资源的浪费，更具针对性与实效性。

三、形成家园联系工作的“三会”模板

教师队伍是幼儿园家长工作健康发展的重要条件，更是提高家园合作质量的关键。2012 年国家颁布了《幼儿园教师专业标准(试行)》和《加强幼儿园教师队伍建设意见》等一系列重要文件，从中可以看出教师队伍建设的重要性。同理，为了提高家园工作的水平，促进教师生涯中家长工作内容不断的专业化。身为幼儿园管理者，园长应注重不同水平、不同年限的老师在家长工作中的不同之处，在实际操作中，在培养方式和培养途径上进行一系列有效的探索和尝试。

(一)新教师家长工作的难题分享会

新教师是指刚入职的教师，他们的家长工作经验较少，甚至有的家长抵触和新教师交流。现在越来越多高素质的家长意识到：学前教育是一门极深的学问，不仅要有专业的理论和技术，还要懂得孩子的想法和发展规律。园长要清楚知道新教师是幼儿园未来的中坚力量，更是影响班级家长工作质量的因素，帮助新教师在家长工作中迎风而上，把新教师遇到的难题转化为专业成长的飞跃点。

案例 18 博客风波

大家一起来看这张照片，发现这个小男孩有什么问题吗？对，他在参加音乐活动的时候，喜欢站在离老师较远的地方。爸爸看到后，反馈道“孩子为什么永远站在离老师较远的后面，不在老师的旁边，请老师多关注孩子，多让孩子往前来”。看到此留言我们该怎么做呢？

年轻的老师开始分组商议。有的老师主张在微博下留言“好的，我们会关注孩子的”，然后在以后的幼儿园生活中持续关注孩子，及时和家长反馈。有的老师主张应该从孩子入手，问一问孩子，看一看孩子行为，分析孩子，再给家长反馈，一切问题从孩子出发，家园携手围绕孩子画同心圆，而不仅仅是家长和老师之间的交流。

商讨的结果是应该探索背后的原因，于是老师们开始翻看《儿童心理学》《埃里克森成长阶段论》《个性化儿童教育案例》等书籍，在大家努力下，终于找到稍微满意一些的回答：

首先，分析孩子心理特点：孩子对不擅长的事情会有安全范围；

其次，亮明老师的态度：我们允许孩子在此范围成长，静待花开；

最后，后续工作的跟踪：适时会请他集体前面展现自己的特长。

随后，教师在家长接孩子时做出了详细解释，爸爸走时说的一句话：“老师还是比我们专业”。

赢得家长的信任和尊重，是许多新教师关注的另外一件大事。他们面对的挑战是与各种不同需求和性格的家长打交道。园长应指导新教师把握两个原则：第一，如果你能从一些对待孩子的细节上让家长感到自己的孩子没有被忽略，得到了认真细致的对待，家长通常都会认可新教师；第二，如果你能够理解家长对自己孩子的偏爱心和育儿焦虑，而不是嫌家长“苛刻”“事多”，对家长提出的要求表示重视，若不能满足也能给予家长合理的解释，用建议而不是命令或指责的方式和家长交流育儿方法，就会赢得家长的信任和尊重。

园长在指导新教师开展家长工作时，可以尝试以下的建议。

试试这样做

(1)与家长沟通时，保持平等、尊重的态度，用自信和诚恳的语气与家长交谈。

(2)利用多种沟通途径(家访、电话、网络等)与家长沟通，在沟通前做充分的准备，可以在沟通过程中做纸质记录或者录音。

(3)主动征求家长的期望、需求和意见，让家长感到他们自己的意见得到了教师的认真对待。

(4)及时更换家园信息专栏，确保将重要信息告知每位家长。

(5)针对幼儿的行为问题用恰当的方式与家长进行沟通，不要让家长感到教师在抱怨，而是感到教师在努力帮助孩子建立好习惯，并且给予家长具体的指导办法。

(6)对特殊事件(如幼儿生病、发生事故等)，主动、及时、坦诚地与家长沟通，理解家长的情绪反应，协商处理的办法以及幼儿来园后照顾的方案。

(7)家长希望教师保密的家庭隐私，要给予家长明确的保证并严守秘密。

(8)与家长产生意见分歧时，能控制个人的情绪，冷静地处理与家长的关系，尽量避免冲动；一旦与家长发生冲突，应寻求同事和园方的协助，能从有利于幼儿发展的角度出发，不纠缠于追究责任的归属，协商解决分歧和冲突的办法。

园长小贴士

(1)每天在幼儿的一日生活中分别关注几名幼儿的表现，如喝水的行为、吃饭的习惯、睡眠的喜好或当天的突发情况，也可针对家长特别关心的问题进行有目的的观察，如小班幼儿的家长最关心的孩子的吃饭、睡眠情况，同时做好记录，作为与家长交流的素材。这些记录是最真实、可信的第一手资料，事先记录详细不会让新教师在面对家长的时候手足无措，无话可谈。同时，新教师可以做一个小展板，让幼儿自己记录喝水、吃饭、睡觉的状况，展示给家长。

(2)新教师如果接受家长送给自己的礼物，家长会要求教师给予孩子特殊照顾，这样会削弱孩子和家长对教师的尊重。对家长的送礼行为，要用谨慎的、委婉的方式拒绝，不要让家长心存疑虑。

(3)与家长交谈时，眼神要专注，千万不要东张西望，好像不专心或者非常忙碌的样子。

(4)切忌“告状”式的谈话，这样会让家长误认为老师不喜欢甚至是讨厌自己的孩子，甚至觉得自己的孩子在班里受到不公正待遇而产生抵制情绪。要让家长感到新教师在时刻关注自己孩子的成长和进步，感到老师比家长更了解孩子。同时，要抓住时机向家长了解孩子在家的情况，以请教的态度耐心地听取家长的意见，使家长产生信任感，这样他们就会乐意与教师交流。

(5)给家长提建议时不应是说教语气，而应该先充分肯定家长在幼儿教育方面的好经验，但是也要充分自信地谈出自己的育儿观点。如果教师的观点是建立在平时细致关注孩子的基础上，家长一定会非常信任地接受，如“嘟嘟妈妈，您坚持每天晚上用半小时的时间教嘟嘟识字、阅读，真有毅力！嘟嘟的知识面很广，能积极地表达自己想法。他对文字的兴趣强于其他的事物，会出现重看轻听的现象，在与同伴谈话的时候，她不能很好地理解同伴的意思。在班级中，我们给予嘟嘟更多发言的机会，同时也会有目的地让嘟嘟重复老师的话，复述学习过的故事，有意识地培养嘟嘟的倾听能力”。

(6)适时、经常性与家长进行情感沟通有助于建立良好的家园关系，可以尝试定期给家长发微信，反馈幼儿的在园情况。即使有防御心的家长，也会因新教师主动持续的沟通、因老师关注孩子的成长而逐渐建立对教师的信任。

(7)家长在参加开放活动时，非常关注自己的孩子是否得到了表现的机会或老师的鼓励赞赏，所以在提问或邀请表演时应尽可能覆盖多一些孩子，在“公平对待”上赢得家长的信任。同时，也要在日常与家长沟通集体活动的特点，使家长体谅教师在某次活动中未给自己孩子表现的机会。

案例 19 工作第一年教养日记

早晨来园，有一位家长送孩子时，我对她说：“你家旋旋生活自理方面不太强，衣服到现在还不能自己穿。眼看天冷了，这几天是否能在家教一教……”没等我说完，这个家长就打断说：“到这里来的幼儿是不是都会自己穿衣服?”我说：“是的。”她又说：“孩子那么小，在家当然是大人帮她穿脱衣服。”听了她的回答，当时我感到很生气，同时也感到委屈。我是为了让你家孩子更聪明、更能干，是为你们好，这个家长怎么这么不懂道理，不识好人心。

事后，冷静下来想一想，是否我说话的态度不好。可我回想了一下，我讲话的态度没有什么问题。

下午备课时，我就把这事同大余老师讲了。大余老师听后分析道：“对家长提出配合的要求，可以从各个角度去提：如果从体谅大人角度来提，让孩子做些力所能及的事，大人少操心，孩子会更聪敏，家长可能就容易接受；也可以先说些孩子进步的地方，再提些希望，这样家长也容易接受。如果一针见血直截了当地指出问题，家长就不容易接受了。”

这件事给我的教训是：语言是有艺术性的，作为一位新教师更要善于掌握语言的艺术性。

园长的评语：特别开心你能通过一件小事反思与家长沟通时的语言艺术，这是一次小小的成长和进步。希望你能深入研究如何与不同性格的家长进行沟通，相信会收获颇多。

在此，我也真诚地提出建议，既然本次交流发生了一些不愉快，更要特别耐心地关心这名孩子，在生活自理能力上有针对性地培养和表扬此幼儿，要看到孩子的点滴进步，使家长感到老师不是有成见，对孩子有看法。下一次，要主动和家长进行交流沟通，表扬孩子在穿衣方面进步的地方，让家长感受到老师的真诚和耐心。

温馨提示：在家里，孩子可能会听到家长议论老师。要宽容，帮助孩子去掉“包袱”，彰显师者的智慧和大度。

注：当时这个孩子是中班，所以我要求家长配合幼儿园培养孩子的自理能力。

（二）经验型教师家长工作的创意分享会

经验型教师主要是指工作中已经积累一定的经验，在日常家长工作中已经游刃有余，但是不甘于传统的方式，在一遍遍否定自己中快速成长。作为管理者，园长要善于发现经验型教师创新和创意的做法，逐步形成一种“年级联动教研”。“年级联动教研”主要是指以经验型教师为主体的新型教研方式，开展活动的切入点是每个老师包括保育员都必须直面的家长工作。在分享会上，经验型教师主要分享自己在家长工作中的创意，分享后由新教师和保育教师点评，营造开放、平等、合作的研讨氛围，把不同方面关于家长工作的声音视为研究的宝贵资源，鼓励每一名参加的经验型教师坦诚地分享自己的创意。

案例 20 爱的回音壁

带大一班半年有余，总觉得和家长之间客客气气，有事论事，无事远之，私底下可能他们之间也是这样认为吧，正如放假前开会通知并讨论伙食费涨价，开完之后我说如果有孩子对伙食有特别的要求，可以和老师反映，大家鸦雀无声。第二天韩佳依姥姥就和我说：“老师，有人放学后说幼儿园不让吃饱，不是我们家呀!”我笑了笑，回应着：“那孩子吃完饭后，我一一问问孩子们有没有吃饱。”姥姥点点头，走了。

开学初开家长会前，我思考了本班的问题，然后在最后的环节和家长认真地说：“我们来进行一次爱的采访。”之后随机问：“孩子在幼儿园还要待多少天?”“除去周六日、清明节、端午节、劳动节，偶尔生病，还有多少天?”“在这么多天，你希望孩子收获什么?”采访完后，我小结说：“时间为80天，我们都希望孩子在幼儿园留下快乐和友谊，同样我们老师也希望离开丰台一幼的每个孩子都会真诚地说‘丰台一幼是我的幼儿园’，更希望家长离开后说‘丰台一幼老师真不错’，这是一个回音壁，我先来呼唤，也期望回声壁给我回声，让家园在爱的回声中温暖，也让孩子快乐成长。”之后趁着情绪认真剖析自己在班级里发现的问题以及需要家长配合的地方。

两周之内，回音壁中回声荡漾，组织元宵节活动时，父母和老人积极参与，报名人数达15人；植树节带工具的人很多，中午甚至有几个家长专门来园给孩子送小铲子；放学时两名家长志愿者一人在队头，一人在队尾，队伍排得整整齐齐；班中布置的亲子故事书制作活动在一周内悉数交上来；离园时，更多家长和老师说“辛苦了”；个别家长甚至报名参加所有的活动，说一定要给孩子留下最美满的记忆。

总之，开学后的坦诚沟通让工作顺畅起来，记得听过这样一句话：我愿迈出99步，等你迈一步。现在我大声说出共同愿景，不厌其烦地呼唤，那么回音壁也一定响起出家园携手的回声。

(三)骨干教师家长工作的微课展示会

骨干教师首先是一名经验型教师，同时也是一位好老师，正如习主席所说，是“有理想信念，有道德情操，有扎实学识，有仁爱之心”的教师，更是优秀、杰出、卓越的教师。对骨干教师在家长工作方面需要提更高一层的要求，既要具有自我反思能力，同时具有示范引领作用，因此我园使用微课展示会。骨干教师是幼儿园的培训师，使用小小的微课案例公开展示自己的做法、形式、效果以及遇到的问题。

案例 21 骨干教师大讲堂

家长工作是贯穿整个学期的重中之重，因为家长是工作顺利开展的有效支撑。我们要做到以下四点。

一、让孩子成为家园的桥梁

孩子在家园工作中充当什么角色呢？是传话筒、润滑剂还是导火索呢？每一次家园冲突的来源都是孩子，我们班级利用大班孩子的年龄特点和思维特点，让孩子充当家园沟通的桥梁。我们让孩子成为“桥梁”，传递幼儿园的教育理念，改变家长的教育观念，让“幼儿无小事，事事有教育”成为班级管理的一个契合点。

时装节的“风波”

周三的时装表演结束了，孩子们非常开心，离园的时候不断叮嘱我：“老师，今天记得把照片传到网上给爸爸妈妈看。”看到孩子们兴奋和满足的表情，我也十分欣慰。晚上回家第一件事情就是打开电脑传照片。正在传照片的时候，珍懿的妈妈打电话过来，很生气地说，孩子新买的小鞋子被其他小朋友踩坏了，妈妈甚至担心珍懿在班里是不是总是受欺负。我急忙安慰妈妈几句，但是感觉妈妈火气还没有消。我告诉妈妈，明天我一定问清楚是怎么回事，假如是其他小朋友故意踩坏珍懿的鞋，我一定会批评，并且让小朋友真诚地道歉；假如不是故意的，我也问清楚什么时候发生的事情，班级以后怎么样避免此类事情的发生。

第二天到了班中，我想既然是孩子的问题就需要他们来解决。于是我对大家说：“昨天，一个小朋友新买的鞋子被踩坏了，十分难过，这是怎么回事呢？”话未落音，班中多班小朋友已经举起小手。

思思说：“昨天我的鞋也被踩了，可能其他人没看见，没事。”

瑞瑞也说：“我们班走完，后面就是学前班，当时人有点多，我也被踩了，但是也不知道是谁，我也原谅别人了。”

小乙重复到：“我也被踩了，但是我也踩别人了，回头说对不起的时候，都没看到是谁。”

孩子们七嘴八舌说着昨天踩鞋的事情，我了解到，昨天很多人都被别人踩了鞋子。

于是我在电脑上播放昨天他们走秀的照片，问孩子们，什么时候容易被踩到。这次，他们一致说出两个环节，第一是坐在小椅子上，突然站起来的时候，很乱；第二个环节是，我们班未走完，但是学前班要上场的环节，两个班小朋友混在一起队伍很乱。

了解了事情的大致经过，我开始让孩子们思考：如何避免这两个环节的混乱状态。大班的孩子思维能力很强，说出了许多老师意想不到的答案，甚至提出，在策划的时候，两个班的小朋友就应该提前商量一下。

晚上，我答复妈妈的时候，珍懿颠颠地跑了过去，向妈妈说出今天教育活动的时候小朋友想出来的主意，我向妈妈解释事情的经过，是孩子们忙乱中踩到孩子的鞋，不是故意为之，并且承认是我们组织的时候思考不周全。妈妈看到孩子很开心地说着小朋友集体讨论的结果，觉得孩子不是在班中被排斥和孤立，也就释然了。

小小的风波让我看到孩子们的能力，作为一名老师，真的应该相信孩子的能力，放手，让孩子成为老师的左膀右臂。

二、让活动成为家园的纽带

活动，就是幼儿园组织的大型年级活动或者班级活动。本学期的活动丰富，家长参与的次数多，从开学初“三八节”，到4月的“美食节”，5月的“服装节”，以及最近的毕业典礼，每一次活动都是对老师耐力和耐心的极大考验，也是孩子们的一次狂欢。既然是教师精心策划组织的活动，那么就要让活动成为家园之间的纽带，把两头紧紧地联系在一起。

活动初老师要让家长感受到活动对孩子发展的意义；活动中，让家长知道孩子感受到的快乐；活动后，让家长了解孩子对自己的情感，这样家长才觉得这不是“折腾”，而是教育。在“三八”妇女节活动的时候，老师在活动前一天发出诚挚的邀请，并说明孩子们非常期待妈妈的参加，因为他们要用自己的方式表达对妈妈的爱；活动中，老师积极帮助家长拿包，让家长全身心投入都活动中；活动后，和家长交流活动的感受，夸奖孩子懂事，有感恩之心。

“三八”妇女节活动感想

春天万物复苏，“三八”妇女节的温馨气息扑面而来。在一个晴朗的周五下午，大班的小朋友们和自己的奶奶、姥姥、妈妈一同参加了这次有意义的活动。丰台一幼的教育理念是“爱的教育”“养成教育”，这次活动正是培养了孩子们爱妈妈、爱亲人、爱社会的情感。从这次活动中，我看到了孩子们开心的笑脸以及家长脸上欣慰的笑容，同时我也收获了感动。

活动的第一部分是家长和孩子一起做操，这一部分把活动气氛渐渐提升起来，虽然只是一个热身环节，但是孩子们看见自己喜欢的老师在台上领操，大声地欢呼起来，家长们也在孩子的带动下融入这次活动。

第二部分是亲子共同学习舞蹈《我的好妈妈》，这部分的亮点在于亲子互动，许多家长是第一次跳这个舞蹈，动作也稍微生疏了些，但是孩子们很喜欢这个小舞蹈，家长们在可爱的孩子们的带动下也渐渐放开了，就连充满稚气的拥抱的动作和“亲亲”的动作也不再拘谨了。家长和孩子脸上开心、幸福的笑容给了我很大的触动。

第三部分是送礼物环节。孩子们从兜里把“小桃心”拿出来送给了自己的奶奶、姥姥、妈妈，孩子们小心翼翼地把信打开，认认真真地给自己的家人讲解信中都画了什么、写了什么，家长们满脸幸福地听自己心爱的孩子讲解着，仿佛要把自己的孩子融化在幸福里。

在这次活动中，虽然我只是一个旁观者，但是对我的触动也很大，活动中我几次哽咽，感动至深。看着孩子们天真无邪的笑脸和家长们幸福的模样，我也想起了我的妈妈，我比班里的孩子们大 16 岁，可能 16 年前的某一天，我的妈妈也陪我参加了这样一场活动。现在我长大了，但我对妈妈的关心却少了。这次活动不仅让我体会到了幸福，同样也让我反思自己，让我明白：随着年龄的增长，对妈妈的关心也应该与日俱增。

女性是造物主精心培育的园丁；生活因为她们的存在而馨香温情，世界也因有她们存在而绚丽多彩，人类更因为她们而生生不息。她们用爱的眼睛去看整个世界，女人因此美丽无限。

这次“三八”妇女节活动圆满结束了，我收获了满满的爱和幸福。身为女性，这是属于我的节日；身为女儿，这是我敬爱的妈妈的节日；身为幼儿园的一名工作者，这亦是幼儿园每一位老师的节日。在今后的日子里，我会带着幸福前行，让幼儿园爱的教育传遍千万家！

三、让感恩成为家园的氛围

“感恩”是一种心态，我突然写出这个词，是因为我们不仅希望家长感恩老师对孩子的付出，同时我也希望老师感恩家长对班级的付出和理解。龙龙是班中一个善解人意的孩子，一次他离园的时候主动踮着脚帮助美术老师拿话筒，我看到后特别激动，赶紧给妈妈发了一条短信，妈妈回过来说了很多感谢的话，瞬时我的心情特别好，真心感谢龙龙妈妈的理解。雨爱妈妈和我们的职业一样，以“为孩子好”为出发点给老师提了诸多的注意事项，我们班三位老师经常以雨爱妈妈的意见为照顾全班孩子的标准，例如，多喝水，那么就给所有孩子多喝水；勤洗手，那么就关注班中孩子所有洗手的情况，其实“感恩”妈妈给的提示，我们及时知道近期对孩子的护理重点。

四、让离别成为家园的牵挂

大班第二学期是特殊的一个学期，可能有些家长因为离别在即对老师“宽容有加”，也可能对老师更加“挑剔苛刻”。在这关键的半年，我们班中离别的事情时有发生：张晨依去学前班，张陈伟去美国。每一个孩子离去时，老师都会依依不舍地和他告别，让孩子感受到老师的关心。离别，既是对前一阶段的总结，也是对下一阶段的展望，我们大四班老师在评价孩子时，总会说的一句话：“他肯定是一名三好学生，在幼儿园表现这么好，小学肯定会特别棒!”让家长时刻感受到老师对自己孩子的期待。

时刻的牵挂

经过多日的准备，今天我们丰台第一幼儿园大班毕业典礼在十二中大礼堂拉开帷幕。四所分园的300多名小朋友和他们的爸爸妈妈一起见证孩子们的成长。当园歌响起来的时候，作为一名丰台一幼的大班老师，我特别激动，孩子们，丰台一幼是你们离开爸爸妈妈的第一个“家”，老师像妈妈一样守候在这里，一年又一年，盼望你们成长，盼望你们长大，当你们真的长大马上要离开这里的时候，却又百般不舍、心情惆怅。大屏幕上播放着你们成长片段，从小班的泪流满面到大班的嬉戏打闹，一幕幕画面萦绕在老师的脑海里，如同昨日。

跳跃的音符流淌成一首首或欢快或舒缓的节奏，你们徜徉其中舒展肢体、张扬个性，诠释着大班小朋友应该有的魅力——阳光、自信，老师真心为你们喝彩。当《感恩的心》响起来的时候，老师特别想告诉你们：“感谢命运让我与你们在一起，天高地迥，宇宙无穷，但笑靥如初的你们让我永恒温暖。”

在阵阵掌声中，我们的毕业典礼接近尾声，当你们手捧鲜花献给我时，我轻轻问：“你会记得我吗?”听的肯定的回答，一颗悬着的心慢慢充盈起来，我舍不得你们离开，却又盼望你们日日进步，只好从你们的承诺中宽慰自己，亲爱的孩子，离开丰台一幼后，你们会回来看我吗?!你们的记忆里一定要有老师的片段啊!

龙应台曾在文中写道“所谓父母子女一场，只不过意味着，你和他的缘分就是今生今世不断地在目送他的背影渐行渐远”。亲爱的孩子们，老师每日都在目送你们回家，那我们的缘分也如同父母子女，对不对？

毕业典礼结束了，你们新的成长征程马上开始了，丰台一幼的全体老师真诚祝福你们快乐健康地长大！

第二章　理解家长　牵引前行

——指导教师转变家长工作的观念

幼儿教师始终站在家长工作的第一线，对家长工作的成效起到至关重要的作用，而幼儿园经常出现个别教师因为家长工作能力较低与家长发生冲突的情况，因此，切实提高教师的家长工作能力，指导教师做好家长工作是园长的首要任务。而家园沟通应是双向的，幼儿园教师在具备指导家长工作的能力后，可以互相交流、沟通，共同研究配合教育的方法，相互反馈教育效果，只有这样才能取得共识，达到同步教育促进幼儿发展的目的。

导入　幼儿园的坚守

一天，一位家长很生气地来到我的办公室，一进门就说："朱园长，有件事情我要跟您谈谈，班里的老师专业素质不高，不能发现和关注孩子的才能，把孩子的发展都耽误啦！"听到家长说得这么严重，我赶紧请他坐下，听听到底是怎么回事。

原来，他是小一班豆豆的父亲，是位高级知识分子，经常去国外出差，而且一去就是一年半载。他非常重视对豆豆的教育，也看过一些家庭教育方面的书籍和节目，自认为很懂得该如何教育豆豆。他告诉孩子的奶奶平时多给孩子看看书，教孩子背古诗。奶奶对孙子格外疼爱，特别希望孩子有出息，每天都陪孩子背诗。豆豆上幼儿园之前，就已经会背很多古诗，《弟子规》和《三字经》也背得滚瓜烂熟。看到豆豆会背这么多东西，家里人一直都引以为豪，觉得自己的孩子比别人聪明。但是上幼儿园以后，孩子的奶奶以为幼儿园的老师也会教孩子们背古诗等，就不继续在家教豆豆了。爸爸从国外出差回来后，要孩子给他背古诗，结果孩子什么也背不出来，于是很生气，觉得老师不负责任，认为孩子在幼儿园不仅没有学到新知识，反而把在家学到的东西都忘了。

于是，这位爸爸找到班里的老师，老师却说小班的思维发展处于具体形象阶段，很难理解古诗文的内容，背古诗只是一种机械记忆，因此家长不要过多地要求让幼儿背诵古诗文，其实让孩子记住自己家的地址、爸爸妈妈的电话等与生活密切相关的事情会更有意义。老师还说："连自己家的地址都记不熟，背再多的古诗文也无用。"这位爸爸很难接受老师的观点，于是生气地找到我。听到这里，我微笑着对家长说，班里的老师没有没错，现在过多地要求孩子背诵古诗确实对孩子发展的意义不大，我们不赞成花费大量的时间让孩子学习他们理解不了的东西。古诗是我国传统文化的精髓，有一定的教育意义，您可以在家里适时地教孩子读一读，但一定要根据孩子的兴趣进行辅导。然后，我又向家长介绍了幼儿园的一些活动，告诉家长，孩子在幼儿园都会做些什么。最后，我还给这位爸爸推荐了几本比较好的幼儿教育方面的书籍。

现在的家长对怎么教育孩子都有自己的一套，但有的看法仅是受到一些商业宣传的影响和诱惑，家长不希望自己的孩子输在起跑线上，于是会不顾忌孩子的学习兴趣和特点，将各种知识和技能一股脑儿地灌输给孩子。这些片面的理解给幼儿园的教育带来了很大的压力，到底是应该坚持科学的教育观念，还是屈从于家长的需要？幼儿园作为专业的教育机构，应该坚守哪些东西呢？

第一节　引导教师树立正确的家长工作观

一、明晰家长的角色定位

现代社会竞争日益激烈，人们对学前教育重视程度与日俱增，也对教育者寄予了很高的期望。家长"望子成龙""盼女为风"，都希望自己的子女出类拔萃。这种普遍存在的家长对子女的高期望在很大程度上影响着幼儿园的教育工作，影响子女的健康成长。家长的角色意识、教育作用，关系到整个幼儿教育的发展。

(一)家长是推动幼儿园良性发展的外驱力

首先，家长是幼儿由"扶着走"再到"自己走"的帮扶者。

日常生活中，没有一个正常的孩子是一直由家长"扶着走"的，也没有一个正常的孩子是一直不受家长帮助而自己会走的。事实上，孩子往往是由家长"扶着"起步的，孩子的成长过程就是由"扶着走"再到"自己走"的过程。在这个过程中，每一位家长都无私地全身心地投入，和善地帮助、指导，勇敢地探索、实践，家

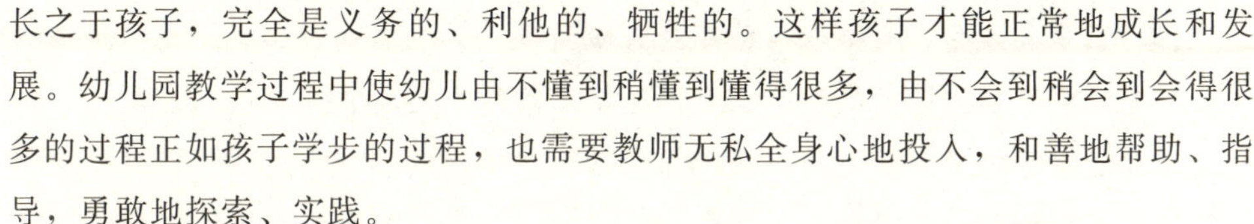

长之于孩子，完全是义务的、利他的、牺牲的。这样孩子才能正常地成长和发展。幼儿园教学过程中使幼儿由不懂到稍懂到懂得很多，由不会到稍会到会得很多的过程正如孩子学步的过程，也需要教师无私全身心地投入，和善地帮助、指导，勇敢地探索、实践。

其次，家长是使幼儿从“学习学会”到“学会学习”的精心设计者。

家长既是子女的启蒙教师，又是终身教师。在言传身教、潜移默化的家庭氛围中，孩子们先在家长指导、帮助下认物、识字、明理，然后学会独立自主，最终实现自我超越。当然，为促成这一过程的顺利实现，家长们往往各显神通，想尽一切办法，努力寻找指导孩子的好角度与切入点。

再次，家长是幼儿园教育显性和隐性环境的积极优化者。

苏霍姆林斯基指出，“学校、家庭、社会不仅要一致行动，向儿童提出同样要求，而且要志同道合，抱着一致的信念，始终从同样的原则出发，无论从教育目标上、过程上还是手段上，都不要发生分歧”。只有家园双方在育人方向上达成共识，优化家庭教育环境和学校教育环境，才能加强对幼儿的养成教育，促进幼儿的全面发展。

(二)家长是促进幼儿茁壮成长的重要影响力

首先，家长是孩子成长的导向者。

家庭是孩子接受教育最早最长久的场所，是孩子天然的学校。一个儿童入学时已经在家庭的影响下形成了一定的思想和行为习惯。在幼儿园教育过程中，家庭教育还持续地影响着儿童的成长。良好的家庭教育能对学校教育起协助和补充作用，不良的家庭教育则会抵消学校教育的影响。幼儿的学习习惯、学习态度等都是先从家庭里习得的，而并非只是在幼儿园学到的，家庭教育是幼儿教育的基础、是起点，家长引导着孩子的成长。

其次，家长是孩子言行的规范者。

家长的义务是教养子女。家长们看着子女长大，又常年与子女生活在一起，对子女的各方面表现应该都了如指掌。尤为可贵的是，“家庭在德育方面具有特殊优势和固有特点：如潜移默化的渗透性、因势适时的针对性、遇物则诲的灵活性、血缘关系的权威性、言传身教的示范性等”。因此，子女的一切不良的行为都能而且应该及时由家长予以矫正，子女的一切正当的行为都能而且应该及时由家长加以发扬。

（三）家长是健全子女个人人格的强大助动力

首先，家长自我教育是支持、配合幼儿园教育的关键举措。

父母是孩子的第一任教师，“孩子的发展能力取决于父母的发展”。家长在积极参与幼儿园教育，加强对子女教育的过程中，更要注重自身的教育问题。

孩子与家长有着亲子情感关系，有着经济依存关系。家庭影响孩子，父母教育子女，主要是以血缘关系或抚养关系为基础，以潜移默化影响和熏陶为主。家长的思想道德，文化素养，性格气质，行为习惯，爱好特长和教育方法，都会给孩子以耳濡目染、潜移默化的影响，对孩子思想品德的形成和发展，文化知识的拥有和实践，情感、意志的塑造以及健康人格的形成等都具有特殊的渗透作用。家长对孩子的教育功效如何，在很大程度上取决于自身的日常言行表现。家长以身作则，言行一致，就会对孩子产生良好的影响；反之，家长本身言行不一，品行不端，对孩子的教育则很难奏效。因此，提高家长自身的素质，完善家长的自身形象，以德育德，以才育才，以情动情，以性养性，以行导行，发挥家教功能，这实际上也是支持、配合学校教育。

其次，家长的自我教育是促成学生自我教育的重要基础。

家长进行自我教育的同时又必然促成孩子的自我教育，并使孩子最终完成健康人格的塑造。现在大都是独生子女家庭，家长的行为是孩子唯一可仿照的模式；孩子对家长绝对信任，因而在模仿时就会不加任何选择。家长的一言一行、一举一动，都成为孩子们模仿的对象。家长言传身教，为孩子树立了很好的榜样：孩子们从家长的学习中找到了自己学习的动力，从家长的自我教育中得到了教育，体验到了乐趣。这是任何学校教育都无可替代的。

家长在幼儿园教育面前不是无能为力的、被动的，而应是主动的、有所作为的。家长是提高幼儿园教育的实效性，实现教育社会化和社会教育化的开拓者，是协调、沟通幼儿园教育与家庭教育的关系，推进社会健康发展的践行者，是发展、强化幼儿园教育的支持者与推动者。

二、家长类型分析

如今在幼儿园的生活的孩子是幸福的一代，因“4-2-1”的养育方式使更多的家长参与到幼儿的成长中。不同的家长因家庭背景不同、文化层次不同、工作经历不同导致处理问题的方式不同。家长是幼儿园服务对象之一，了解家长的类型有助于教师做好家长工作。

家长类型有多种分类方式，本文按照三个维度对家长群体进行了分类，一是

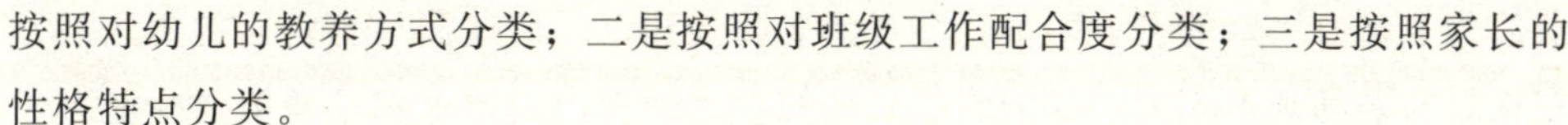

按照对幼儿的教养方式分类；二是按照对班级工作配合度分类；三是按照家长的性格特点分类。

（一）根据对幼儿的教养方式分类

1. 严厉型的家长

这种类型的家长往往对幼儿的要求多于对孩子的帮助，对幼儿的约束和批评也比较多。我们从孩子们的日常表现中可以观察到这一点，严厉型家长教养下的孩子比较独立，动手能力和自我服务意识相对较强，做事比较有序，但也存在胆小、没自信、爱看别人的脸色行事和自我否定的倾向。

2. 民主型家长

该类型家长对幼儿的表扬和批评相对适中，遇事和孩子商量，能够给孩子较多自我选择、自己做主的机会。民主型家长教养下的孩子比较有自信、敢于尝试、做事积极、爱参与、有创造性、喜欢帮助别人，同时很喜欢谈价钱讲条件，比较自主。

3. 放任型家长

此类家长往往对孩子评价很少，对幼儿的表扬、批评、帮助和管教很少，这种类型家长教养下的孩子比较自由散漫、任性和具有攻击性。这类家长由于对幼儿的关注程度不够，很少会真正地与老师沟通，往往有理讲不通、对老师的无理要求较多，认为教孩子就是老师的任务。

4. 娇惯型家长

这类家长常会无原则地表扬自己的孩子，对孩子的关心和帮助很多，是真正的娇惯型家长，将自己的孩子当成了别人不能碰不能说的宝贝，甚至会替幼儿做所有事情。娇惯型家长教养下的孩子，往往依赖性特别强、动手能力差、做事不积极，不参与、爱发脾气耍小性子、听不得批评，但也颇具同情心。

（二）根据对班级工作的配合度分类

1. 难缠型家长

这类家长往往对老师不够信任，甚至带有敌意，认为把孩子放在老师手中会让孩子受很大的委屈，认为老师对自己的孩子“很不好”。因此一见面就说自己的孩子如何如何，希望老师怎么样做、老师应该怎么样做、老师一定要怎么样做。

2. 配合型家长

这类家长能真正地支持和理解老师的工作，对老师有一定的信任。配合型家长认为老师有一定的专业水平，会考虑老师的建议。但他们很有自己的想法，并存在着与老师观点不太一样的看法，他们对老师提出的要求多是希望老师能多关注自己的孩子、更好地教育自己的子女。若提出难度较大的要求，可能是因为对某些教育理念理解不够，或有误区。

3. 理想型家长

该类型家长往往会主动地帮助老师做些事情，常把“辛苦了”和“谢谢”挂嘴边，孩子受伤也会表示“不要紧、没关系”，能够积极地配合老师，对老师布置的“任务”和“作业”总能很好地完成。

（三）根据家长的性格特点分类

1. 沉默型家长

沉默型家长有三种不同的表现：①拙于“交谈”。谈话对家长来说是一件非常痛苦的事，时常困扰着他，使他难以获得解脱。越是口拙，这种压抑就越深，使他的下一次开口更为困难，于是产生恶性循环，直到最后干脆不说，用沉默来对待对方。②不想张嘴，怕张嘴。这种心理是与生俱来的，这种人与上一种家长心理不同，上一种家长是意识到不说话的重要性和必要性，并且为自己表达能力欠佳而惶惶不安。而这种天生就不愿张嘴的人，从来就觉得自己不说话是天经地义顺理成章的事，他从不会因为自己没说话而自责或不快，他一直以为这样比较舒服自在，很心安理得。③用“说话”以外的形体动作来表达心意。这种家长既不缺乏语言表达的能力，也不是有不爱说话的癖好，他是碰上了想说却又不能说或者很难表达的事情，只好换一种方式，用“形体语言”来表达他的意思，即通过眼神、面部表情以及坐立姿势、手脚动作向你传达他的意图。

2. 唠叨型家长

往往因为一点小事就会与老师聊个没完，还经常一个意思来来回回地说，一点小事都不放心。老师刚说完这个问题，唠叨型家长都会再用自己的语言说一遍。这样的家长还比较喜欢和老师聊天，经常向老师主动提出一些问题。长辈人群中唠叨型家长较多。

3. 和气型家长

和气型家长谦和有礼，不论老师说什么他们都会认真聆听并适时回应。和气型家长在班中是老好人，不仅对老师的态度友好，对周围家长也十分友好，不会轻易发表不同的观点。

不同的家长对班级工作的理解、支持方式和程度都有所不同，老师一定要有很扎实的专业基础和很好的教育理念。针对不同层次、不同类型的家长，运用不同的沟通方式，因人施教。

幼儿园的工作中有时园长会遇到一些家长对老师工作不满的“告状”，当听到家长对老师的指责时园长要理解教师的困惑，要理解教师并帮助他们分析困惑和羁绊，帮助教师解开心里的疙瘩，分析教师自身的性格。幼儿园中的教师可分为慢热型、高冷型、脾气火爆型、热情奔放型等多种类型。不同性格的教师在处理问题时使用不同的方法策略就会达到不同的效果。面对“告状”，园长更要带着教师分析班级家长的教育要求、性格特征、心理接受程度、家庭状况等，针对不同性格的家长要有不同的方法。

例如：同样是孩子被蚊子叮咬的事情对不同的家长就要采取不同的对待方式。

和气型家长：在离园时教师告诉家长对幼儿被叮咬的伤口进行处理、建议回家后继续观察并按要求抹药。

难缠型家长：发现孩子被叮咬后给家长打电话或发信息简单告知事情经过，见到家长后描述清楚在什么时间什么地方咬的、幼儿园的处理方式、分析孩子被咬的原因、针对易受叮咬孩子幼儿园的预防方法，承诺不会造成传染病等。

针对不同类型的家长教师应采取不同的工作方式和沟通策略，在实际工作中教师可以尝试将自己班中的家长进行分类，同时总结出针对不同类型家长的沟通技巧。

第二节　家园形成合力四部曲

教育是个系统工程，由幼儿园、家庭和社会三方面共同组成，三者之间互相渗透、互相联系、互相制约。幼儿的年龄特点决定了影响其发展最主要的是幼儿园和家庭。因此，要促进幼儿身心健康发展，家庭和幼儿园必须相互支持、相互配合，家园互动形成合力。但家园互动的实现必须首先依赖于幼儿园主动开展家长工作。在彼此尊重与理解的基础上，沟通信息，共同商讨符合幼儿特点的教育措施，相互配合完成教育幼儿的任务，这既是由幼儿园工作的任务和性质决定的，也是《幼儿园工作规程》中对教师工作的一项职责要求。家长工作是一个多层次多角度的工程。要做好这项工作是每个教师必备的基本能力和素质。

《纲要》指出“家庭是幼儿园重要的合作伙伴，应本着尊重、平等、合作的原则，争取家长的理解、支持和主动参与，并积极支持、帮助家长提高教育能力”。近年来，在《纲要》的指导下，幼儿园积极探索家园合作的有效方法。在课程认识上，大体经历了四个过程“教师拽着家长走——教师顺着家长走——教师引领家长走——家园牵手协同走”。在行走的过程中各个幼儿园也遇到了一些问题，正是这些问题和困惑促使教育工作者不断反思，促使幼儿园不断调整家园合作的方向。

一、“拽”出来的前奏

1. 确定角色，明确关系，形成教育合力

我们常说：家庭是孩子的第一所学校，家长是孩子的第一任老师，是孩子的引导者、教育者。教师是教育者，是幼教工作的服务者。《纲要》中这样写“幼儿教师是素质教育的主要实施者，是教育过程中的主体，同时又是幼儿学习、模仿的对象。教师的人格特征、言行举止、心理健康状况以及对幼儿的态度直接影响着幼儿的发展”。可见，二者是相互合作、相互支持和相互服务的关系。

2. 初步建立家园合作模式——请进来

在这个阶段，各个幼儿园热情地敞开大门邀请家长来园参与活动，试图通过丰富多彩的家园活动吸引家长，如创设家长园地、填写家园联系册、开展家长开放日活动、召开家长会等。然而，这个过程中，多数教师是以通知的形式向家长提出需要配合的要求，但并不说明配合的目的及作用，使一些家长认为每周都要帮助幼儿园完成任务才是配合幼儿园工作；还有部分教师常常随意摘抄一些家教文章张贴在家长园地中，以为让家长走进了幼儿园，让家长看到了教师呈现的有关家教的内容就是实现了家园合作，将家园合作的重点放在了形式的变化上。其实这种家园合作是浅层次、表面化的。

在这个阶段，家长对幼儿园的工作有了关注和重视，认识到幼儿教育对孩子一生发展的作用和影响。但是，各个幼儿园也都发现，家长们形式上的参与产生了很多问题。如家长在工作的同时不得不频繁应付幼儿园布置的各项任务，深感负担重、压力大；教师命令式、指令式的工作方式使家长们疲于完成任务，出现了抱怨情绪。有的家长说：“孩子上幼儿园，我们比孩子还累!”因此，家长参与家园工作的积极性逐渐消退。与此同时，教师也觉得累和困惑，常常感慨为什么在家园工作中付出了那么多精力，却还是没有收到预期的效果。

作为园长，对家园工作中家长和教师出现的困惑，一定要重视，深入分析并思考，找到问题的症结。

3. 分析现存问题

结合各个幼儿园在家园合作中出现的问题，对照《纲要》，能够认识到对教师而言，主要问题是对家园合作的内涵理解不足，表现为以下几点。

(1)形式化的家园合作只是教师单向主动参与，家长被动参与其中，无法发挥主动性。

(2)家园双方地位不平等，我们以专业教育工作者自居，指令性地要求家长完成幼儿园布置的各项任务，将家长视为配合者而不是合作者，家长知其然不知其所以然。

(3)忽略对家长需要的关注，忽略对家长的尊重。

找到问题的症结，园长和教师开始以了解家长需要为基础，努力地去尊重家长。于是，家园工作进入下一个阶段：顺着家长走。

案例 1 快乐的元宵节活动

元宵节当天，班中报名制作的元宵的志愿者一下子来了 11 位，事先只有 6 名家长报名，比预期的多了将近一倍，早上我从食堂拿回面粉，豆沙馅和 1 个盘子进活动室，家长们纷纷表示：这点儿面粉一会儿就全做完了，我想这些志愿者不仅仅是来干活的，可以让他们体会当老师需要的智慧，真切感受孩子的真诚、进步与自信。于是我心里盘算着要把制作元宵变成一次与元宵有关的教育活动。

首先，给“老师”布置任务，简短地和 11 个家长说：“大家现在都是和我一样的老师了，所以要对孩子进行自我介绍，让孩子一下子就记住你。还要想一个小朋友能猜出的元宵节灯谜。”随后，老师们开始练习台词了。教育不是说出来的，只有做出来才能享受那份快乐。当 11 名老师站在前面，有的介绍自己是树叶老师，并指指衣服上的树叶图案；有的介绍自己是眼镜老师，并摘下眼镜挥挥手；更好玩的是，棠棠爷爷介绍自己是螳螂老师，并用动作示意，孩子们哈哈乐了起来，爷爷也很自豪地冲棠棠招招手。元宵制作活动最后，我让孩子们再次一一说出他们是什么老师，当孩子们把 11 名老师的名字都说下来，老师们情不自禁地鼓掌称赞，脸上满是喜悦。

其次，让“老师”想细节，一名奶奶问我：“老师，我们怎么做元宵呢?”我郑重地说：“今天你们是老师，我只拍摄精彩瞬间留下照片给你们哦!”我简单介绍了有7组幼儿，每组5人，共有14个盘子，于是一一爷爷提示大家把面分7份和好，并把豆沙馅包装剪一个小口，他负责挤豆沙，其他几位负责沾面粉揉成小球球，方便幼儿直接包进去。在演示包元宵的环节，一一爷爷的小创意被一位奶奶称赞，爷爷笑着和孩子们说：“方便小朋友，爷爷就开心了。”从孩子的角度思考怎样做，一一爷爷的小创意实在太棒了!

最后，让孩子表示谢意。元宵制作完毕之后，孩子们搬着小椅子来到睡眠室，11名老师帮着收拾完活动室后也走到睡眠室。我们小小的告别或是致谢环节开始了，我问道：“你今天有什么感受?”孩子们或开心或紧张或担心，童言稚语逗得老师们哈哈笑，我继续问：“你们有什么话对老师们说的吗?”孩子们纷纷说感谢的话，有一个小朋友说：“因为你们的到来，才让我们今天过得更愉快。”让在场的老师竖起大拇指，之后我让孩子们每人想一句祝福老师的话，每一个孩子说完，老师们都报以热烈的掌声，孩子们的感谢就是给老师们最好的礼物。

请家长来当志愿者是每学期都有的活动，让家长真正当一次老师，发挥所长，享受孩子们尊敬的目光和真诚的赞扬，不枉老师的称号，下次参加活动时也会动力满载。

二、“顺”出来的精彩

顺，即顺从家长的需要，顺从家长的要求。

幼儿园开始将家长摆在了合作者的地位，力图通过多种方式了解家长的需要，了解家长对培养孩子、家园合作方式等方面的想法，努力尊重家长。幼儿园通常采用问卷调查、家访、座谈会等形式征求家长参与家园活动的意愿，尽量在家长方便的时间内、以家长能接受的方式和能理解的内容作为家园共育的内容。在这个阶段，各个幼儿园也发现了很多问题，主要是家长对幼教的认识、了解，对教育目标的理解参差不齐，大部分家长受应试教育育儿观念的影响，将知识技能的学习放在了首要位置，希望在家长开放日活动中，看到的是孩子学习知识技能的过程。于是，幼儿园里的开放活动多以观摩幼儿的数学课、英语课等形式进行，以为顺从了家长的需要就是对家长的尊重。

用真诚的态度尊重家长的需要，听取家长的建议，顺从家长的要求，在这个过程中出现了三个变化：家园合作有了一些实效，家园关系更加融洽了。家长认识到自己的教育责任，愿意参与幼儿园的活动，积极性增强。但是，各个幼儿园也清醒地看到了存在的问题：过分顺从家长的需要，导致偏重孩子知识技能的学习，违背了幼儿的身心发展规律和幼儿特有的学习方式。更使家长误认为早期教育就是知识教育，偏离了《纲要》的基本精神和我们的培养目标。这些现象引起了各个幼儿园的思考，家园合作到底应该带给家长什么？带给孩子的发展究竟有哪些？幼儿园、老师和家长的责任分别应该是什么？什么样的家园工作才能落实《纲要》的精神？

对照《纲要》，各个幼儿园发现此阶段的家园合作没有把握好尊重家长和保证孩子可持续发展之间的关系和尺度，表现为三多三少：多了对家长需要的过度重视和满足，少了对幼儿全面发展的关注；多了对幼儿知识技能的传递，少了对幼儿社会性、情感、能力的培养；多了在教育内容和培养目标上对家长的顺从，少了作为教育工作者应有的专业引领作用。这样的“顺”没有立足于孩子的发展，忽略了教育机构的责任。作为幼儿园教师应该肩负起专业引领的作用，促进家长观念的转变。

案例 2　微信心连心，家园手牵手

微信，一种新的社交软件，以其优秀的即时性和便捷性迅速吸引了亿万手机用户。新时期的家长工作可以用微信当作交流的载体，与家长沟通的时候需要注意什么呢？一起来和我走进“小一班微信群”。

我和家长交流最多的就是孩子在园的表现，我对家长们提出的各种问题表示理解，他们之所以有这么多的疑惑，就是因为信息沟通不畅通。于是，我决定用微信这一软件帮我扭转局面。微信使用面广泛、操作便捷、发送即时等特点都优于其他信息技术，还能满足不同家长群体的需求。使用微信可以做到家园沟通全面化、层次化、细致化，还能为家园交流开辟一条新道路。

一、巧用照片传快乐

我先将所有的家长都加为好友，与手机形影不离的生活就这样开始了。第一个使用的功能也是在整个过程中最频繁使用的就是发送照片的功能。每天我们两位老师在相互配课之余都会为每名幼儿拍照，并将内容分为五个板块进行上传，包括“精彩瞬间”“进步点滴”“好人好事”“多彩活动”“开心时刻”，以此帮助家长了解幼儿在园的活动内容，参与活动的状态。例如我发送的小班年级活动“学习雷锋好榜样”中，展示了孩子们帮助幼儿园保洁老师陈老师清洁户外玩具的场景。家长对我们关注孩子的健康与成长表示感谢，更对我们的专业和敬业表示钦佩。

二、善用文字传关爱

一天早上，与田皓同奶奶的谈话深深地触动了我。奶奶拉着同同的手找到了我：“糖果老师，同同的手昨天在幼儿园被挤了一下，我和您说一声，没别的意思，就是觉得这孩子胆小了、太怂，有什么事也不敢说，担心孩子们会排挤他。这样的孩子谁喜欢啊?”此话一出，我心里更多的是替孩子抱不平，其实孩子在园表现很不错。家长平时不和老师沟通，不代表他们不想说、没的说，只是他们也顾虑重重。善解人意的家长会觉得老师累一天了，别给老师添麻烦。心思重的家长会担心老师对自己印象不好。于是，我按照群里的家长排列顺序每天主动联系五名家长，每月一次。主要就是夸夸孩子的进步，听听家长的心声。这样一来，我的教育就更具有目的性和针对性，爱是可以传递的，一段朴实的文字、一个温馨的符号都传递了老师对孩子深深的关注和关爱。

三、妙用声音传欢笑

渐渐的我开始挖掘微信的其他功能。一天，孩子们上英语课，我们的外教拿破仑老师用他独有的激情带着孩子们洪亮、流利地唱英文儿歌。“要是家长们能听到肯定特别高兴”这样的一个想法使我想到了微信发送声音的功能。于是，我尝试着点击按键，竟然真的将孩子们的歌声给一位家长发送出去了。很快，我就得到了家长的回应。家长们纷纷夸赞宝贝们还有这样精彩的一面。“怎样使所有家长听到呢?”配班老师说：“建群，建群!”于是，我们将所有家长加入到小一班的微信群里。很快便实现了所有人收到声音的功效。顿时，家长们赞声一片。大家通过群里的相互交流更加熟识了，有的小朋友还会在里边用语音展示自己的小才能。妞妞因为唱《红灯记》，一下子就火了，成为小朋友和家长共同的偶像，展示出自己优秀的一面。

四、活用群体传幸福

现今，大多数孩子是独生子女，众多亲人对一个孩子的关注和疼爱导致他们不懂得与他人交流、分享、合作。我看到群里的家长总会相互邀请出去郊游，在这个想法的推动下，我们班成立了“妈妈团、爸爸师”。由子晨妈妈发起的第一次团活动召开了，结合班级活动主题“圆圆捉迷藏”，请幼儿参观汽车博物馆。在场馆中根据楼层展览内容请幼儿找圆圆、拍圆圆、说圆圆，使幼儿有目的地参观，以此培养幼儿的观察能力和大胆表达能力。整个活动通过看汽车、探秘密、坐汽车等内容不但提高了幼儿的动手能力，还大大提高了幼儿的合作意识。周一每位家庭都带来了为当天活动制作的海报和立体汽车。大家的创意实在令我瞠目结舌，海报图文并茂、排版精美，汽车功能丰富，有电动的、有机械的，还有遥控的。我们为这些车创办了全园车展，活动过程中请哥哥姐姐们投票互动，选出最喜欢的车。班里的小朋友们看着自己的作品受欢迎可自豪了，还不停地说着自己车的功能，他们在提高语言表达能力的同时，胆量也变大了。而这一切，恰恰要归功于微信把我们的心联系到了一起，为家园共育谱写了新的多彩乐章。

在这样创新性的活动中，孩子们得到了全面发展；家长们收获了惊喜，更转变了观念；老师们拓宽了教育视野，提升了教育水平。有时虽然会感到辛苦，但我却依然乐此不疲，并有一种从未有过的职业幸福感。这种幸福时时陪伴着我，使我真切体会到朱园长常说的“累并快乐着”这句话的真谛。实践使我成长、付出让我收获、创新让我快乐，今后我会继续在工作中大胆尝试，不断创新，让新方法、新技术成为幼儿园开展教育工作、提升教育品质的助推器。

三、“引”出来的高潮

引，是从专业的角度引领家长走进幼儿教育，共同促进幼儿的发展。

引领什么呢？通过前两个阶段的家园合作，各个幼儿园认识到家园合作的核心和关键应是通过多元的方式引领家长树立正确的教育观念，引领家长掌握有效的教育策略，从而促进幼儿的全面发展。

这个过程是一个长期的发展过程，教师可以通过在观察中引领、在体验中引领、在行动中引领展开实践。

1. 注重了解，把握原则，实施正确引导

(1)分析和了解家长是做好沟通的前提

学会分析各类家长的情况，可以提高家长工作的针对性。从横向看，孩子的个体差异很大，家长也一样，他们有着不同的家庭背景，不同的文化层次，不同

的人生经历，从而有着不同的育儿观，不同的处理问题的方式。从纵向看，处于不同年龄阶段的孩子有其各自不同的特点，而家长也会随着孩子处于不同的阶段而产生不同的心理期盼。我们分析家长类型，从合作程度来分，可以分为主动合作型、被动合作型、冷漠放任型。

不管是哪一类家长他们关注的焦点都是自己的孩子，关注的问题无非就是生活护理、教育教学、社会性这几方面。通过调查发现，家长关注的内容主要有以下几个方面。

①生活护理

在幼儿园吃饱了吗？吃得好不好？喝了多少水？冬天教室里冷不冷？户外活动时有没有冻着？夏天热不热？有没有蚊子？教师对孩子的照顾周到不周到？考虑得细不细？在幼儿园大便没有？什么形状的？

②教育教学

今天学了什么知识？孩子掌握了多少？上课专心不专心？在某方面有没有进步？教师有没有关注我的孩子？

③社会性

今天有没有主动表现？受到教师的表扬了吗？在园里受没受委屈？快乐吗？小朋友之间相处得如何？

了解了家长们关注的问题，教师一方面可以主动地向他们反映孩子的在园情况，避免家长自己发现问题后找老师询问，造成教师的被动。另一方面则可以根据家长的需求或困惑，帮助家长采取适宜的策略指导孩子。

一位家长反映，孩子性格急躁，并且执拗，事事都以自我为中心，很少能听进别人的话，平时和孩子沟通特别困难。为了帮助这位家长解决问题，班级教师在与家长进行细致沟通后发现问题的原因在于：家长本身性格比较急，对孩子的评价就是简单的对与错；对孩子的关注点往往落在结果上，忽视过程中孩子的好行为和闪光点，指导方式单一。于是，教师结合班中开展的大带小活动"我是能干的哥哥姐姐"对孩子进行了"特别关注"。不仅及时表扬他在和弟弟妹妹相处中好的行为，还以视频的方式分享给班中的小朋友和家长。同时，请家长在家中以同样的视角和方式关注他的行为。

两个星期后的某天，他的妈妈送他来园时兴奋地说："老师，我跟您说件事，这孩子现在可真不一样了。"原来，以前带孩子去医院看病，都需要全家出动，有人负责哄孩子，有人负责排队，而这次正赶上家里人都有事，只有妈妈自己带着他。从走进医院的大门妈妈就开始担心他会闹，可没想到的是他跟着妈妈一直排

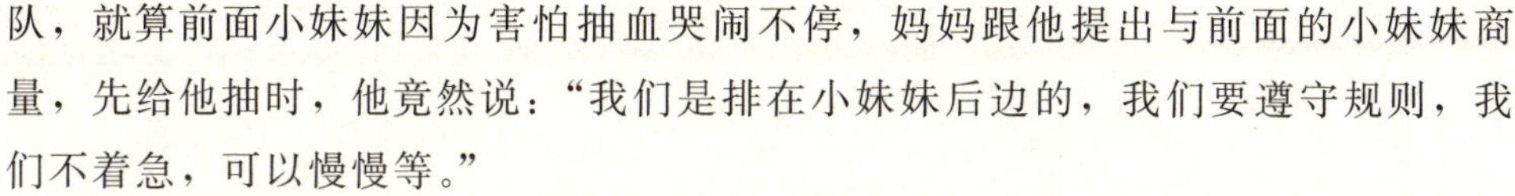

队，就算前面小妹妹因为害怕抽血哭闹不停，妈妈跟他提出与前面的小妹妹商量，先给他抽时，他竟然说："我们是排在小妹妹后边的，我们要遵守规则，我们不着急，可以慢慢等。"

妈妈说："当听到孩子说出这句话时，我眼睛里都泛起了泪花。没想到平时那么急躁的孩子不但踏实下来了，还学会理解别人了。太感谢老师组织的活动了。"可见，引领家长以适宜的方法关注孩子、指导孩子是多么重要。

幼儿园和幼儿园教师在引领家长改变育儿观念，提升育儿水平的同时，还要引领家长做好家园共育工作。

针对不同类型的家长，实施有效的策略，是做好家长工作的核心。

(2)三种类型家长的指导策略

①主动合作型

重视他们的影响作用。每一次交流合作都要用更热情的态度回报他们，除了肯定幼儿的表现外，更要肯定家长对幼儿园工作的支持和帮助。当幼儿在某一方面出现问题时及时与家长交谈，交谈方式直接且诚恳即可。对有特长的家长还可以给予一些小任务，如制作作品、撰写教子经验等，让家长发挥特长的同时满足幼儿和家长渴望被重视的心理需求。这样家长不仅对幼儿园的工作更加支持，还能够带动班中的其他家长配合幼儿园的工作，成为幼儿园的助手，使教师能更加得心应手地开展工作。

②被动合作型

我们首先要分析这类家长不主动合作的原因。第一类家长：工作繁忙，顾不上孩子。对这些家长我们要理解他们。第二类家长：嫌麻烦，不愿意付出精力。面对这类家长我们要多与他们交流，让他们理解老师的辛苦，要让家长清楚老师所做的每一件事是为了幼儿哪方面的发展，如果家长支持并配合幼儿会有怎样的成长，反之幼儿会失去哪些发展契机，当家长明白老师的用心后必会变被动为主动。如在每学期家长所写的《宝宝成长故事》活动中，主动的家长看到老师的通知后会很快上交故事文章。但有些家长一个学期内都没有交过一篇宝宝成长故事，后来教师与几个家长谈了写宝宝成长故事的目的，告诉家长老师会把爸爸妈妈写的故事读给孩子们听，让孩子们知道爸爸妈妈关心他们，让孩子学会体会家长的辛苦付出，懂得感恩。当家长了解了老师的用意后便很积极完成了这份任务，还把这个当作给宝宝的成长礼物。由于教师的努力，现在有许多家长已把给孩子写成长日记当成了一种习惯，家长向教育专家又迈进了一步。第三类家长：不会合作，不乐于与教师主动沟通，在实际行动方面表现出不会育儿。对这类家长我们要给予更多的帮助，向他们推荐好方法、好书籍等，与他们多沟通、多交流思想，使家长了解与老师合作的重要意义。

③冷漠放任型

这类家长对老师或班级工作的态度比较冷漠，原因可能与他们的性格或价值观有关。但这类家长很少。面对这类家长老师要保持平和心态，不能用他们的态度回报他们，诚恳地与他们交流，耐心反馈幼儿的情况。

2. 把握原则，注重沟通技巧

在了解的基础上，幼儿园教师在与家长进行沟通的时候应把握几个原则：不当众、多报喜、讲细节、慎用语(应多用的语言和忌语)等，具体做法参考如下。

(1)多报喜

和家长交谈时要多谈论孩子的优点，即使有很多缺点也要先表扬孩子，让父母得到心理上的满足，然后再将缺点、不足娓娓道来。这时家长会觉得人无完人，自己的宝贝有一些缺点也是正常的，此时老师加强引导，让家长产生这样的想法，我的宝贝这么优秀，要是能把这个缺点改掉就更好了！家长有了这样的想法才能够配合老师的教育。

(2)讲细节

教师对孩子的评价应该是具体的，跟家长交谈时多描述幼儿在园发生的一些事情，不论是幼儿的淘气行为还是可爱的举动，栩栩如生的细致描述更有说服力，更易得到家长的信服。此外，教师的客观描述会让家长感觉到教师对自己孩子非常关注。暑假期间一位园长对一些家长的博客博文进行了阅读分析，他们写道老师给他们讲述孩子在幼儿园发生的"故事"时行文中流露出的情感是非常高兴的，这样的老师也被他们称为细心的老师。家长对教师的信任度、认可度提高了，工作就不难开展了。

(3)提建议

当教师和家长交流问题后，教师应该给予家长一些有针对性的建议。在提出建议前我们可以先听一听家长的想法"您是怎样看待这件事的?""您在家里是怎样和宝宝交流的?""您有什么好想法都可以告诉我们!"通过一些引导让家长阐明自己的观点，如果观点一致教师要表明态度，和家长一起商量教育策略；如果家长的观点和教师的教育理念相悖或不太一致，教师就需要做一些扭转家长教育观念的工作。做工作时可以用一些幼教专家学者的理论进行说明，还可以向家长提供一些幼教资源，等家长了解后我们再进行更深一层的沟通交流。这样家长们就会

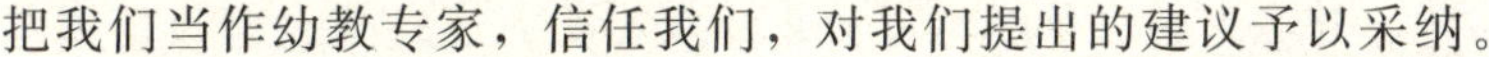

把我们当作幼教专家，信任我们，对我们提出的建议予以采纳。

四、“牵”出来的完美

做教育的人都知道只有家园携手同步实施教育才能取得最好的效果，因此幼儿园要真正把家长作为教育的一分子，在了解家长问题与需求的同时，和家长一起积极采取措施解决问题。

例如，解决孩子吃饭时掉饭、剩饭的问题时，通过家长和商量，幼儿园开展了我的小菜园活动。以亲身实践的方式让孩子们体验劳动的辛苦，感知食物的来之不易。活动中幼儿园请有种菜经验的奶奶指导孩子们松土、播种、浇水、施肥、松土。奶奶教得认真，孩子们学得更认真，每一个动作都小心翼翼。由于是孩子们亲手种下的，他们每一天都对小菜园里的变化非常关注，种子是不是发芽了，是不是长高了，每天都会观察记录。在对小菜园精心的照料中，孩子们迎来了丰收的时节。当孩子们亲手摘下自己的劳动种出来的西红柿、黄瓜、豆角时，他们兴奋极了，一边摘一边说：“咱们得小心点，好不容易种出来的，可别掉地上摔坏了。”能够看出，孩子们已经体会到了食物的来之不易。而这自然的教育效果既是得益于孩子们的真实性全程参与，也得益于特长家长对情境的真实还原。

在解决孩子挑食的问题时，幼儿园则根据孩子具体形象思维的特点，请擅长制作美食的家长走进幼儿园与孩子们一起制作“花样面食”。在家长的现场讲解下，孩子们参与了从榨汁、和面、醒面到制作的全过程，观察到了有趣的变色现象，体验到了运用各种面团包出各种花样造型的乐趣。当漂亮的花朵、美丽的蝴蝶、可爱的小刺猬、小兔子，火腿毛毛虫出现在孩子们盘中时，孩子们简直是垂涎欲滴。亲子制作活动，让食物有了百变的造型，让食物变得不再普通，孩子们的食欲也随即被打开。

看到孩子们津津有味地吃着各种造型的美食，家长们由衷感叹“还是老师方法多，让食物变个造型，让孩子们亲手做一做，比不停讲道理有用多了”。而这个过程也让老师体会到，巧妙地与家长携手实施教育策略，比教师单方面施教有效得多。这个过程既是借力家长的过程，也是传递教育方法的过程。

做到家园协同，一方面是让家长理解幼儿园的做法，另一方面也需要幼儿园理解家长的想法与需求，并给予一定的支持。

例如：在与家长交流亲子阅读的情况时，许多家长都有这样的疑问：怎样指导幼儿进行阅读？亲子阅读的过程中有哪些有效的方法和值得注意的问题？根据家长们的困惑，幼儿园请来了相关专家，与家长进行研讨。通过专家的专业指导，帮助家长们解决了困惑。如：对中大班幼儿，观察能力比较强，可以给孩子们自主阅读的时间。自主阅读后，家长再根据孩子的阅读情况进行共读和相应的阅读指导。

同时，为了给家长提供更加直观的指导方式，幼儿园开展了多样化的阅读示范活动。引导家长不仅观察孩子在活动中的表现，还引导家长观察、记录教师在不同的绘本阅读组织中是怎样针对绘本作品与幼儿进行层层深入的互动。在现场观摩中，教师的一些具体行为和语言，如“你怎么知道的”“你从哪儿看出来的”“你最喜欢这本书的哪一页(或哪个角色)，为什么”等问题能够很好地激发孩子思考、引导孩子观察。教师绘声绘色的朗读更吸引了孩子们阅读的热情。这都为家长提供了有针对性的具体指导范例，使家长耳目一新，不仅了解为什么要这样做，更知道如何去做。

幼儿园既要重视具体实施策略方面对家长的支持，也要重视心理方面的需求。

案例3 网络视频

2009年，为了满足家长需求，我们安装了网络视频，让每个家长，包括身在外地、外国和十几名外籍学生家长，都能随时通过互联网了解自己孩子在幼儿园的学习生活情况。这一创举受到了中央电视台等多家媒体的采访报道，引起了舆论关注和争议。但通过我们广泛征求家长意见，了解到90%以上的家长都认可我园这一做法。当看到远在荷兰、日本的孩子家长发来的感谢信，更加坚定了我们的做法。我想，只有一流的师资、优质的服务，幼儿园才敢于把教师、孩子的一举一动置于家长的眼皮底下；只要家长满意，我们就应该敢于敞开园门，把我们幼儿园办成“透明”的幼儿园。“网络视频”让全园教职工经受了挑战和考验，大家现在已不再把摄像头当作压力，而是把网络视频当作鞭策自己的动力，作为展示个人教育水平的舞台。因此，“网络视频”成为我园教师队伍建设的强大“助推器”。

走在时代的前列，敢于尝试改革，敞开园门办教育。这需要幼儿园具有高标准、高质量的目标，从高瞻远瞩的视角考虑幼儿园的发展问题，如何办一所家长满意、社会认可、幼儿快乐的幼儿园，是幼儿园园长的责任和义务。如何把握时代的脉搏，把握国内外幼教改革的动向，这些都需要园长不断学习和创新。安装

“网络视频”是幼儿园的一个大胆的做法，是在与教师们共同研究达成共识的基础上开展的。

如何满足家长的需要，如何让家长学会观察孩子的成长，欣赏每个孩子的进步又成为幼儿园工作的一部分。把幼儿园办成透明化的幼儿园，这样家长就能够配合幼儿园做好科学的幼儿教育。优质的幼儿园是能够做到的，也是必须要做到的。我国要建设人力资源强国，首先应该从娃娃抓起。学前教育要适应时代和社会发展需求，必须把握国内外幼教改革动向，贴近时代确定培养目标，有针对性地选择培养内容和课程体系。

总之，做好家长工作要热情在先，主动在前；要将心比心，以心换心，做好角色转换工作；要耐心倾听，注意言语沟通的技巧；要根据不同类型的家长，找准沟通的切入点，及时与家长沟通。所有的家长工作关键在于“沟通从心开始”，做到“三心”：责任心、耐心、细心。与幼儿家长保持联系，做好宣传工作，取得家长的理解、支持和配合，实现家庭与幼儿园同步教育，从而取得良好的教育效果。

第三章　沟通为桥　牵心交流

——园长指导教师如何与家长沟通

“沟通”是指在幼儿发展和教育上，家园双方应随时互通信息，交流看法，以求全面了解幼儿的发展情况，在教育上取得共识，从而共商教育策略，协同进行教育，为实现以上目的，作为园长，应从制度上建立多种沟通方式，完善各种交流平台，与时俱进。

第一节　园长指导教师学会沟通

一、为教师搭建现代化沟通平台

随着社会的进步，现代生活节奏加快，家庭空间意识增强，现代通信技术的发展，网络技术的普及，幼儿园与家庭之间沟通的渠道不再局限于家访、家园联系本、家长会、家长委员会和教学开放日等形式，电子邮件、网上家访、微信、QQ 沟通等成为家园沟通的新载体，成为当今幼儿园工作的主流。通过这些软件可以进行多人聊天和讨论，增进家长与教师、家长与家长之间的交流和沟通，使幼儿教师主动地用多种形式与幼儿家长保持经常性联系，向家长宣传、介绍科学育儿的知识和方法，指导并帮助家长创设良好的家庭教育环境，进行科学的家庭教育，共同促进幼儿全面健康的发展。从而让幼儿身心健康进一步得到发展。

家长工作的开展需要投入经费，根据幼儿园不同的性质和办园水平，经费的投入也是不同的，园长可以建立家长工作专用款项，实行专款专用。要确保家长工作有效开展，就应该建立家长工作的专用款项。对一些条件有限的幼儿园，园领导和教师要积极思考，采取其他的办法进行弥补，如对一些没有经费开设网站的幼儿园，为了增强家园互动，可充分征求家长的意见，在强调创建和谐社会的今天，通过幼儿园家长工作的开展促进家园共育，是幼儿教育的一种必然趋势。幼儿园应重视家长工作的开展问题，使家长工作朝着更规范、更人性化的方向发展，在家园共同努力下，促进幼儿的健康成长。

（一）以媒体平台为载体实现家园“速”沟通

1. 开通校园短信平台。通过信息平台，幼儿园既可以方便地向家长和教师群发短信，告知学校的动态和临时通知等，教师也可以随时随地把幼儿在园的点滴表现与家长及时进行沟通，让家长在百忙之中也可以轻松、及时地掌握幼儿的基本动态。另外，家长也可以通过手机短信平台向学校和教师发表自己的看法和建议，不仅帮助教师和家长及时解决幼儿在任何时刻出现的问题，又可以让教师和家长及时捕捉到各种教育契机，共同分享幼儿身上随时出现的亮点所带来的喜悦。作为学校与家庭联系的信息化桥梁，校园公共短信平台的使用，弥补了校园网和 QQ 群等沟通渠道必须依赖网络和缺乏实时性的局限，使不习惯使用电脑或没有电脑的家长们也能便利地参与到学校的教学管理中来，对学校的管理起到了一定的推进作用。

2. 互动网络架起家园沟通的桥梁。现在网络技术已经越来越为人们所熟悉，而且很多家庭都用电脑这个网络平台进行联系和交流，在教育方面也不例外。教师平时的工作也很忙，所以和家长交流的时间也不是很多，而且有这么多的家长，一下子要交流也不是件容易的事情，所以网络成了一个很好的交流平台，可以设立班级论坛、班级 QQ 群，每个幼儿都有自己的用户名和密码，家长可进入班级，了解幼儿在园情况，还可以在网上与教师对话、了解园内外幼教新动态、园所教育教学近况、家长热点话题等，同时，教师可以通过后台操作，及时与家中备有电脑的家长进行沟通。

3. 在家园共育过程中应用信息技术。通过这个方式可以使家长的角色定位由被动者变成主动者，同时，消除教师对家园联系的担心和排斥，充分激发教师的积极性和参与热情，使家园共育的持续性和规范化得到保证。另外，要消除时间、地点的局限和内容、形式的束缚，使双方之间的反馈更及时，彼此之间的沟通更加密切，理解更加深刻，感情更加深厚，目标更加一致，配合更加默契，家园共育取得更显著的效果。

搞好家园沟通，关键在于幼儿园和家长间建立相互信任、相互尊重、相互支持的合作伙伴关系与亲密感情。这种关系与感情的建立首先取决于幼儿园园长的态度与行为，对幼儿的关爱，对工作的责任感，对家长的尊重和理解。当家长感受到整个幼儿园愉快的氛围，喜爱并关心自己的孩子、工作尽心尽责时，自然而然就会产生信任感，消除心理上的距离，愿意与幼儿园的教师沟通情况并与教师相互配合教育幼儿。幼儿园的一系列措施帮助教师与家长间架起了情感沟通的桥梁，为家园沟通与合作奠定了坚实的基础。

（二）以媒体平台为中介塑造师德"美"无瑕

随着网络的无处不在，微商信息已悄然浸入到生活的每个角落，也在幼儿教师这个群体中悄然流行和兴起。作为管理者，每日微信朋友圈的内容除了老师们日常生活的交流分享、孩子每天精彩生活，也悄悄增加了微商的宣传：衣服、帽子、围巾、内衣等，各种商品琳琅满目，化妆品、日用品应有尽有。

据了解，幼儿园老师做微商的现象普遍存在。教师们常常以为是利用 8 小时之外，利用自己的"碎片时间"开微店、做微商，利用微信、QQ、微博等社交工具作为平台，在朋友圈不断刷屏，有时候同一个微信会刷很多遍，为亲朋好友介绍各种产品，拉代理、扩下线，从而获取经济利益。这是一种不正常的现象，对此，作为管理者该怎么办呢？

魏征在《谏太宗十思疏》中写道"闻求木之长者，必固其根本，欲流之远者，必浚其泉源"。管理者发现此现象，就需要彻底解决，这不仅是单纯的讨论，更是有关师德行为的探讨。作为园长，看到这样的报道，又了解到自己幼儿园也有教师做微商，你又怎么管理怎么指导呢？

第一，根据社会现象，引发教师的讨论，达成自我认知！回答几个问题：做微商真的不会影响工作的质量吗？你对班中的小蕊观察过几次？她今天做了什么？你今天怎么评价她？你今天刷了多少次微信？你做了什么有价值的记录？几组问卷就可以让教师做出自评：我关注课程的时间有多少？我关注孩子的时间有多少？我关注材料的时间有多少？我思考班级的变化创新的有多少？

第二，亮明园长的观点，让教师做出自己的选择。在岗教师是具有职业道德素养的老师，"无瑕的师德"上不能存在"买卖"二字，这不仅让家长陷于尴尬的境地，也让为师者蒙羞。在"互联网＋"时代，每个人都有自己的选择，但是选择了教师的行业，就等于选择了道德层面上完美的自己。

第三，完善幼儿园的制度要求，明确自己的做法。幼儿园管理制度要与时俱进，在新的时期，社会提倡大众创业、万众创新，我们可以落实在"创新"层面，从方式方法的创新上支持国家的主流声音。但是在"创业"方面，应固守本行，有专业的"工匠"精神，让教师工作成为自己的主业。园长应完善园所规章制度，让每一位老师明确幼儿园的立场和做法，让网络平台成为家园沟通的渠道，而不是服务于一己私利的商业平台。

二、为教师架起家园沟通的桥梁

作为园长要有明确的途径聆听到幼儿或者家长对教师的真实想法，加强对教师家长工作的监督。根据家长的真实及有效的反馈意见引领教师更加有的放矢地投入到家长工作中，不仅可以提升教师家长工作的实效，更提升了家长的满意度。

但是，当家长反映教师工作的不足之处时，园长不要武断地否定教师，而要尊重、信任教师，深入实际，调查了解，给教师解释说明的机会，维护教师的自尊心，使事情真相大白，同时从中及时发现了教养工作中存在的问题。满足教师被尊重、被理解的需要，充分调动教师的工作积极性是幼儿园管理者必须重视的一个方面。

同时，园长既是幼儿园各项工作的引领者，也是家园危机时刻的消防员。在幼儿园里，比较容易发生教师和家长之间的矛盾。因为幼儿园工作琐碎，有时候教师确实会因为照顾不过来使一些幼儿发生意外，而幼儿本身又不具备自如的语言表达能力和理解能力，因此家园危机时常发生。作为园长，此时就应当以一个理智的第三者的身份介入，遇见问题，园长必须能够对家长和教师的矛盾性质做出正确的判断并做好协调工作，指导教师改进工作方法。既要维护教师的利益和尊严，又要理解家长、关心家长、设身处地为家长着想。园长必须有敏锐的观察力，解决问题的行动力，与家长沟通的亲和力，把一些问题消除在萌芽状态，将幼儿园工作推上新的台阶。

案例 1　观鱼、有育、成渔

最近网上被一张图片刷屏了，是幼儿园关于请家长带游戏材料的事情，作为幼儿园老师，我也关注了一下。老师安排请家长带一条小鱼来观察，结果家长带来的鱼五花八门，有小金鱼，有大鲤鱼；有带的，还有没带的；有观察的，还有独立静坐的。

在家长的自责和孩子的无奈以及网友们点击吐槽的情况下，给孩子带大鲤鱼的老爸有些不好意思，一直解释："老师让带鱼我就带来了这鲤鱼，主要是这鱼是我钓的，家里人也不爱吃，就拿来了！"所有人都对家长所谓的解释哄堂大笑，挖苦讽刺声也都是对家长不负责任的嘲笑，余音未落，作为教育者，我们又有什么样的认识呢？

刷屏者自然是觉得孩子憨态可掬、觉得家长的不理解教师的要求很可笑。但大笑过后，作为一个教育者又会有怎样深刻的思考呢？孩子在所谓这样的课程上的收获是什么？教师请家长带鱼的价值体现在什么地方？如果没有带鱼和观察鱼的环节，孩子们能不能画出活灵活现的鱼呢？能不能完成教师所谓的教育目标呢？带鱼、观察鱼的教育目标是什么呢？今天观察鱼的活动和画鱼形有关系吗？如果有关系，为什么在观察鱼后孩子们画出的鱼都是一个样子，与自己带的鱼不一样呢？

课程中，教师是否真正察觉出孩子因带了与众不同的、不能游泳的大鲤鱼的迷茫而疑惑吗？是否又识别出没有带鱼的孩子心里的纠结和孤立无助？教师在教育的过程中、在孩子的发展的过程中又给了孩子多少有效的支持和鞭策呢？

我们经常会讲：授人以鱼不如授人以渔。这个鱼中的育在什么地方？育中的鱼都有什么呢？我一口气问了这么多的问题，无非想让我们教育者对孩子的教育中做的每件事情都要深思熟虑，成为勤奋的思考者。带鱼的小朋友就观察鱼，不带鱼的小朋友这个环节做什么呢？教师在带鱼活动的预设过程中是不是就应该有所思考呢？是否预设到孩子可能带不同种类的鱼、不同颜色的鱼、不同大小的鱼、不同形状的鱼？如果有这样的情况发生，对老师来讲应该怎样引导呢？我看到图片中没有带鱼的小朋友只是作为课程的旁观者，观察的环节只是眼巴巴观望着别的孩子。教师的心里是怎么想的呢？为什么会这样做呢？是跟孩子家长赌气吗？不带鱼就让你的孩子没事情可做；你准备来的是大鲤鱼就让你的孩子看大鲤鱼，看家长以后配合不配合我们。我们的老师有没有这种心理呢？如果没有这种心理，那到底是什么原因？我们课程准备孩子忘了吗？我们所谓的“教育就是了解孩子、欣赏孩子、理解孩子、解放孩子”、变成孩子难道是空话吗？看来，说一套做一套，说与做脱节的现象还是会发生。从另一个维度分析，老师请孩子带条鱼观察，要观察什么呢？要怎么观察？带鱼的和观察的幼儿就能够很好地完成教师的目标要求吗？

我们带的什么鱼就观察什么鱼吗？带的鱼与活动目标之间是什么关系，还是所谓教师的一个活动环节，为了观察而观察，为环节设计的要求而观察而不是孩子发展的必须呢？课程中教师们会设计出许多有趣的环节，但我们思考过课程属于谁？为了谁？我们是否考虑儿童的需要和儿童能获得什么，而不是教师教什么。我们的教案也只是教师的行动方案，而不是讲稿，重点只是放在老师的讲解和观察作用上，而没有放在生活中对孩子的观察上，放在对环境材料和活动空间的关注上。生活中孩子有没有观察过鱼？都见过什么鱼？见过的鱼都是什么颜色的？鱼长成什么样子呢？请孩子回忆，也可以用图片或视频帮助孩子们回顾。教师要充分利用生活背景，发挥生活材料和生活事件的作用，时刻关注教师自己的作用以及理解自己该何时发挥作用。教师对没有带鱼孩子的态度、教师是否能够根据孩子的情况随机调整课程的内容、能否根据孩子的反应调整教育策略等都能反映出教师的专业能力。教师对孩子生活中学习的环境的把握与认知，是不是能把儿童作为教育目的的落脚点；把儿童的健康、快乐、完整、和谐、创造放在核心的地位；把儿童的表现和反应作为教育内容和策略的依据；把儿童的全面发展作为活动的追求；把儿童的发展规律作为教育的根本指针。把孩子的背影照下来并上传到网上，整个过程中教师对孩子有关爱吗？有尊重吗？

爱因为被我们常挂在嘴边而变得普通落俗，而真正的爱又是什么呢？爱是被在乎、被珍爱、被温暖的感觉。

一直以来幼教工作者都自认为自己是一名爱孩子的好老师，是个善良的好老师，是值得孩子们信任的好老师；有一颗富有童趣的心，有一颗视孩子为朋友的平等的心。但一日生活中却流露出无限的冷漠，是那种整天在孩子们中间，看惯了孩子之间的“鸡毛蒜皮”，听惯了孩子们之间的“喋喋不休”而产生的冷酷与无情。

我们常喊口号，要营造尊重、接纳、关爱的精神环境。那么什么才是真正的尊重、接纳和关爱呢？愿教师注重孩子生活中的点点滴滴，让孩子在生活中受到启迪、学会思考和成长。愿教师与孩子共同成长！

三、引导教师学习沟通艺术

人与人的沟通是一门艺术，对教师与家长这一特殊的关系更是如此。为使家长工作更容易地开展，更易得到家长的理解和支持，幼儿园应将沟通艺术作为一个课题，组织教师进行相关的学习和研究。

在家园共育的过程中，园长应让园内教师建立平等意识，充分尊重家长，沟通是建立在对人的尊重之上的，在幼儿园家长工作的开展过程中，教师要认识到家长是合作者，是教育伙伴，要充分尊重家长的价值观及其隐私，保持平等、合作关系，积极寻求交流合作的机会，创造各种途径主动与家长沟通。在幼儿教育中，教师与家长处于双重主体地位，因此两者之间的关系是平等的，教师应将“权威者”的角色放低，尝试多站在家长的角度来看问题，不要过多使用专业术语，要将术语通俗化，让家长容易理解谈话内容，让家长真切感受到教师的真诚。教师在尊重家长的基础上，才可能得到家长的赞许和尊重，使得家长工作可以更好开展。

同时，教师与家长交谈时要注重自己的言语和措辞，少用消极批评话语，如“不能”“不要”“不行”等，而是从积极的角度来评论或建议，如“要是你能这样就更好了……”“假如我遇到这件事，我会……”等，说出一些建议性的话语，减少谈话双方的隔阂和误解，真正达到沟通的目的。

（一）问题清单随时列

问题清单是管理学家钟国兴提出的链式学习和点式管理的一个基本环节。其概念的主要内涵是指建立一个组织所面临的问题或需要解决的问题的列表。一般有三个层次：第一个层次是初步清单，把所能想到的问题按照类别全部列出；第二个层次是围绕焦点问题，列出的问题清单；第三个层次是按照症结点列出的问题清单，也被称为问题树。

在幼儿园，家长常咨询的问题在大中小班有很多相似性，那么作为有效的管理者，可以以问题清单为研究对象，展开对老师的头脑风暴。列出幼儿园的问题清单是解决家长问题的前提。没有一个清晰的问题清单，老师就不可能明确地知道班级要解决什么问题，即使解决问题，那也是盲目的、应付式的。

列出问题清单的方法是让老师和园长一起找问题，因此问题清单应来自老师、家长、幼儿、管理者等。建立问题清单只是链式学习和点式管理的一个环节。列出问题清单是为了研讨问题。有效的做法是把问题清单交给一线老师，让他们围绕焦点、难点问题，自由自愿地成立各种研讨小组，按照平等、民主、自由的方式研究问题，找到解决问题的办法，有效解决家长工作。

案例 2　东大街园问题清单

生活活动

1. 孩子刚入园不吃不喝哭着不想上幼儿园怎么办?

2. 孩子每天都要抱着自己的布娃娃，吃饭、睡觉、喝水都要抱着，老师您说我该怎么办?

3. 孩子尿湿裤子也不告诉老师该怎么办?

4. 孩子不爱吃胡萝卜，还经常偷偷把胡萝卜扔在地上怎么办?

5. 孩子玩游戏后不爱洗手，即使在我的恐吓之下也会洗手不认真，这么不讲卫生，我应该怎么教育?

6. 孩子不认真刷牙，我应该怎么办?

7. 孩子入园后经常会有憋大便的现象，我该怎么教育?

8. 孩子在幼儿园不大便怎么办?

9. 孩子不喜欢喝白开水怎么办?

10. 孩子不爱自己穿衣服，每天早晨都等着我给他穿衣，怎么办?

教育活动

1. 孩子坐不住，注意力不集中我该怎么办?

2. 孩子总说自己什么都不会，一点儿都不自信，我该怎么教育?

3. 看到别人家的孩子画画得那么好，真的羡慕呢，孩子在的绘画过程中我应该如何指导呢?

4. 孩子经常啃自己的指甲，几个指甲都被他啃秃了，我该怎么办?

5. 我的孩子10以内的加减法都掌握不了，急人啊，有什么好的指导方法吗?

6. 孩子在集体活动中经常会打别的小朋友，我该怎么教育?

社会交往

1. 孩子比较老实，他的玩具经常被别的小朋友抢走，我该怎么教育?

2. 孩子经常一个人坐着，不乐于同小伙伴玩，不合群，我该怎么指导?

3. 孩子不愿意理睬身边的人，有时外出朋友喜欢逗逗他，与他聊天，可他就是不愿意搭理人家，弄得我很没有面子，我该怎么指导?

4. 孩子胆小，一点不敢挑战，不敢玩大型玩具，好像有恐高症，我应该怎么指导?

5. 孩子经常在接送园时大哭，其实幼儿园怕我们不放心，每次都录视频，让我看到孩子在幼儿园的快乐情景，孩子为什么会这样，我该怎么指导?

（二）案例解答时效强

现代社会变化快，每个班级和每一位教师都要面对大量新的复杂的问题。面对挑战就要清晰地了解问题，对问题心中有数。许多教师家长工作做得不到位是因为对问题没有清晰的认识和把握，因此列出本班的问题清单，是班级管理最基本的一个环节。教师把家长经常问的问题列出清单，共同商议解答办法，既锻炼了教师的思维灵活性，又提升了他们的专业能力。

案例 3

家长问题：孩子每天都要抱着自己的布娃娃，吃饭、睡觉、喝水都要抱着，老师您说我该怎么办？

案例再现：一个美丽的小姑娘，每天来幼儿园的时候都会抱着一个布娃娃，吃饭抱着，睡觉抱着，喝水抱着，上厕所还抱着，妈妈送她入园的时候说："你到幼儿园了，妈妈晚上和布娃娃来接你。"小姑娘立刻大哭，死死抓着布娃娃，妈妈只好放手。

思考分析：孩子把布娃娃当作心理寄托，所以总是抱着布娃娃。刚刚入园的孩子如果情绪不稳定，可以允许孩子抱着布娃娃，然后教师和家长都要想办法让抱变成陪伴，从陪伴变成等待，逐渐培养幼儿独立在幼儿园参加集体活动，从伙伴中获得更多的心理寄托。

可以跟孩子说："琪琪，你的娃娃好漂亮，让我和她握握手吧！我们都是好朋友""琪琪你抱抱着娃娃怎么吃饭洗手呀，来让她做在这里陪着你吧""琪琪，你都有周末，怎么不让布娃娃休息呢，每周一到周五，布娃娃白天在家等着你，晚上陪着你，周六日你休息再和布娃娃玩多好呀""我们的漂亮琪琪勇敢了，她能独立了做事情，而且做得都那么好，我喜欢你"。

入园初期孩子抱着娃娃属于分离焦虑的一种，老师和成人要给予孩子更多的信任和安慰，鼓励孩子初步信任这个环节，并更快地融入集体中，不要抢夺或采取其他强硬的举动，让孩子本来焦虑的心更加难受，对孩子的心理健康造成伤害。

第二节　与家长沟通的原则

导入　园长电话公开了

我经常会接到一些家长打来的电话，向我咨询育儿方面的问题。一位园长朋友好奇地问我："家长怎么直接给你打电话啊！有问题直接打班里老师或主任的不就行了吗，这么点小事还要问你啊！"我随口一句："我的电话是公开的。"朋友就更是不解了，作为园长，每天园里的事情就很多，要花去很多的时间和精力，怎么还有时间去处理家长的事情啊！我笑而不语。

在"园长电话公开"之初，有的家长是抱怀疑态度的，认为园长的电话怎么会公开呢？有些好奇心比较强的家长便试探着拨通了电话，当听到我的声音后，对方很诧异地对我说："园长，这真是您的电话啊！"原来，很多地方都是通过公开园长电话来作秀，而实际上公开的并非园长的个人电话，有的甚至都打不通，我遇到过很多次这样的情况。在决定公开我的电话之前，我就想我一定要热情地对待家长，如果家长有事情找我，一定要尽力帮他们解决。我的电话公开一段时间之后，家长对电话的真实性已经没有任何怀疑，他们对我们这么真诚的服务都表示非常满意。家长们也很体谅我的工作，如果不是遇到特殊情况，很少在我下班时间给我打电话。每次通电话，家长都特别真诚，向我请教一些育儿方面的知识，反映自己对幼儿园的期望和意见等。这些电话让我更好地了解家长的需要，了解孩子的需要，了解幼儿园存在的问题以及我们改进的方向，对幼儿园的工作有很大的帮助。

最让我感动的是每年教师节，我的电话一整天都有短信提醒。在这些短信中，有的是家长的祝福，有的是孩子的祝福。读着这些短信，我眼前会浮现出孩子们那稚气未脱的脸，心里也是暖洋洋的。

家长带着期待和信任选择了幼儿园，幼儿园应该与家长合作共同为孩子的发展而努力。园长电话的公开，获得了家长的肯定与信赖，架起了家长与幼儿园真诚沟通的桥梁。教师是直接与家长沟通的群体，教师在直接与家长进行沟通时应该注意什么？把握哪些原则呢？

一、开放性原则

家长沟通的开放性体现在三个方面。其一，与家长沟通方式是开放的；其二，沟通范围是开放的；其三，沟通内容是开放的。沟通方式的开放性是保证与家长顺利沟通的基础，包括家长会、家访、面谈、书面沟通、环境沟通、网络沟通等。沟通范围的开放性旨在引导幼儿园园长及全体人员重视每一位服务者、每一位家长(包括在园幼儿和不在园幼儿的家长)。注意倾听每位家长的心声，每一位关注幼儿园的人的心声。沟通内容的开放性是建立在幼儿园的一切行为决策是从幼儿发展角度出发的基础上，有了这样的出发点，在与家长进行沟通时任何沟通的话题都是透明的，也能最大限度取得家长的理解与支持。

案例 4 快乐大本营

“让我们进去玩一会儿吧，玩一会儿我们就出来。”每天都有很多孩子被幼儿园里的大型玩具吸引，想来我们幼儿园玩。我们幼儿园所在的小区，住户多数都是搬迁农民。随着城市化进程加速，农民也住到了城里，但是他们并没有完全适应城市的生活。城市化让他们远离了农田和大自然，而他们却难以完全融入城市的文化。这些人们失去农田，没有正式的工作，他们过着城市与农村二者兼有的生活。他们中的很多人并不愿意把孩子送到幼儿园，而是像以前一样散养在家里，让孩子自己玩耍。人们也还或多或少地保留着农村的生活习惯，比如随地吐痰、乱扔垃圾等。孩子们失去了在大自然中玩耍的机会，但是家长又没有给他们提供另一个可以替代的游戏环境。在这样的情况下，我们幼儿园的大型玩具对这些孩子就有着无限的吸引力。看到这些孩子渴望的眼神，我陷入了沉思，难道我们的幼儿园就只是为幼儿园里的孩子服务吗？我们能将这些没有入园的孩子拒之门外吗？

幼儿园要有一种社会责任感，要有服务大众的意识。为了让这些孩子有一个良好的游戏环境，感受我们幼儿园的文化，我们决定利用周末的时间，将幼儿园向小区幼儿开放。幼儿园向社区开放后，每到周末，幼儿园就特别热闹。我们幼儿园在建成时有一个游泳池，投入了很多资金，由于游泳池里的水要定期更换、消毒，幼儿园没有后续的维护资金，这个游泳池一直闲置着。如果砸掉又很可惜，还要花费大量的资金重新建设。于是，我想到在这个游泳池里养些金鱼，周末的时候让家长带孩子来捞鱼。另外，我们在家长休息的地方摆放了宣传栏，孩子们可以尽情地游戏，家长们可以在这里交流讨论育儿经验。幼儿园一时间成了社区孩子和家长的“快乐大本营”。

园长的理念决定着幼儿园的工作方向，只有园长重视家长工作，才能引领教师开展好家长工作。

二、首问负责制原则

家长是幼儿园服务对象之一，全体教职工都有为其服务的义务。当家长询问一些问题时教职工应给予回应，并主动与家长沟通，帮助家长解决疑惑，当第一个接待者不能解答其问题时应寻找园中其他人员协助。首问负责制体现了对家长的尊重。某幼儿园对外口碑很好，很多家长与幼儿趋之若鹜，但一个家长在幼儿入园后给出的评价却是“服务质量不怎么样!”并说：“有好几次家长在问老师如‘今天宝宝大便了吗，午睡怎么样’这样的生活问题时，老师都回答：‘今天我不在，刚回来，不知道。’”家长对此很不满意，并责怪老师对家长的问题不负责任，没有给予家长幼儿在园情况的知情权。在与家长的沟通中应对家长的任何合理问题和困惑负责，把握首问负责的原则。一个幼儿园的服务质量应渗透在点滴细节中。

三、筛选性原则

幼儿园规模不同，家长人数不同，但家长群体的特点基本相同。不论家长数量多少，对一个园的园长来说要做好家长工作不能单靠一己之力，需要全园一起努力。那么哪些家长是需要教师进行沟通的，哪些是需要保教主任进行沟通的，哪些又需要园长进行沟通，这一群体级别间的匹配就需要进行筛选斟酌。其中可采取注意——识别——回应的流程。首先由班长、教师注意观察每班家长的情况，然后识别家长的问题，经过分析决定由不同级别与家长沟通并回应。这里的回应应该是基于对家长观察分析后主动的回应，家长工作的主动性可以提升家园合作的顺畅程度。

四、客观性原则

要与家长坦诚交流，反映幼儿情况时一定要做到信息准确、实事求是，不能掺杂个人的感情色彩。只有这样，教师才能帮助幼儿家长客观、全面地了解幼儿，认识幼儿问题。客观性是家园沟通的基本前提。

五、针对性原则

沟通一定要抓住问题的主要矛盾——急待解决而又较容易解决的。只有教师和幼儿家长就幼儿问题形成共识，并一步步由易到难地共同研究解决问题的方法和对策，才是有针对性和易产生实效的。眉毛胡子一把抓，把所有的问题一下子全部抛给家长，只会让家长对老师失望，更对自己的孩子失去信心。

六、全面性原则

老师在与家长沟通幼儿情况时一定要做到一分为二，全面公正，还要注意语言的表达方式，要把幼儿的优点讲足、讲透，缺点讲得适时、适度，以增强家长对孩子的信心。如果老师在交流时把着眼点全落在了幼儿的缺点上，不仅会使幼儿家长产生反感，还会使他们对幼儿园和老师失去信心，难以达成共识，削减教育合力。

七、发展性原则

幼儿存在的问题和不足是幼儿成长中的正常现象，我们要学会用发展的眼光去看待这一问题。老师和家长应该首先对此达成共识。为此，沟通必须基于对幼儿的信心与期望上，这是避免把交流变成“告状”的关键所在。老师要把自己对幼儿的信心与期望带给家长，同时更要让家长把这份信心与期望传达给孩子，让孩子感受到老师和家长对自己的信心和希望。这样，不仅会给幼儿带来改正缺点、弥补不足的勇气和力量，还会让幼儿提高自信心。

八、深入性原则

教师在与家长沟通时不仅应让家长了解幼儿现有问题，同时要结合幼儿的长远发展给予相应的教育建议。沟通中应体现教师的专业性，抓准问题、深入分析问题，从观念认识上改变家长，使幼儿得到家园一致的教育。

案例 5 望远镜和显微镜

每年 9 月都是幼儿园最热闹的时候，因为有很多新入托的孩子，他们从家里来到幼儿园，环境的改变让他们感到焦虑，哭声此起彼伏。这一幕，每一位教师都不陌生，每一位家长也都为此担心不已。每到这时，教师和家长都感觉到压力很大。教师们每天都忙着想各种办法让孩子们安静下来，而家长每天早上看着哭成泪人的孩子，非常心疼，一整天心思都在孩子身上。

一天下午，我们正在开教研会，保安给我打电话，说有位家长在门口，坚持要见我。我走到门口，热情地跟她打招呼，请她去班里看看孩子，但是她告诉我她已经看过了。我很纳闷，家长刚进来，怎么看过孩子了呢？我把这位家长请到了办公室，请她说说有什么事情。她是一个刚入托的孩子的奶奶，每天早上送孩子来幼儿园的时候，孩子都哭得歇斯底里，拉着她不肯放手。每当这时候，奶奶就特别伤心，但是为了孩子好，不得不把要流出来的眼泪憋回去，看着教师把孩子抱进班里。老人家带孩子习惯了，把孩子送到幼儿园后，她整天就想着孩子在干什么？有没有哭？老师喜欢不喜欢我们家的孩子？后来，她干脆就买了一架望远镜，放在家里的阳台上。而且，她几乎每天都给孩子穿一双显眼的红色的鞋子，这样孩子在幼儿园的一举一动她都能看在眼里。刚才，她在望远镜里看到宝宝在活动室里摔倒了，可是老师没有及时上去把孩子扶起来。老人家非常着急，不知道孩子摔得疼不疼，也不知道为什么教师不去扶自己家的宝宝，想着是不是老师不喜欢我们家的孩子呀？老人说着说着，眼泪都快流下来了，她说："我知道您很忙，但是我真心疼孩子，看不得他受一点委屈，特别担心老师对孩子不好。"我非常理解这位家长的心情，我告诉老人家，教师们是受过专业培养的，她们会像家长一样爱孩子，但是教师的爱是理智的爱。教师看到孩子摔倒了，没有哭，知道孩子没有摔疼，希望孩子自己站起来，自己战胜挫折。

听完我的解释，老人家高高兴兴地回家了。看着她的背影，我在想还有多少位家长拿着望远镜看着我们幼儿园呀？幼儿园该如何与家长建立相互信任的关系？我利用开会的时间，与中层领导班子一起讨论了这个问题。大家一致认为，我们与家长沟通的还不够，不仅要让家长了解幼儿分离焦虑的原因，而且要跟家长分享减轻幼儿分离焦虑的策略。我们只有拿起"显微镜"审视自己的工作，家长才会渐渐放下手中的"望远镜"。

作为园长，要有一双善于发现的眼睛，不仅要能发现教师工作中的闪光点，还要能发现家长的需求与教师做法之间的落差，及时地帮助家长转换思想或帮助教师完善工作。

第三节　与家长沟通的策略

一、面对面，提高家园沟通的实效性

（一）全园性的家长会

园长、园领导在新生入园的学期初可组织召开全园性家长会，把家长当作幼儿园的一员，将幼儿园的教育理念、园所文化向家长详细介绍和解读，推动幼儿入园后的家园共育工作。另外，在幼儿园的政策等发生调整变化时也可采取全园家长会的形式，统一思想、统一认识，取得家长的理解和支持。

案例 6　假期合班

又快到假期了，我无意间听到两个家长的对话。一个说："听说假期里小一班和小二班就要合班了，如果教师征求意见时，咱们可都不能同意啊！"另一个附和道："合班了，老师照顾得过来吗？再说了，别的班的老师，能对咱的孩子好吗？还真担心！"家长对合班表现出的焦虑和担忧引起了我的重视。

为了缓解家长的焦虑，我们首先通过短信平台、博客、晚上离园时的沟通、班级视频等方式，向家长宣传幼儿园合班对幼儿发展的益处。我们在给家长的"温馨提示"中写道"合班能够促进孩子们之间的交流与沟通，让小孩子通过模仿榜样、认识新朋友、感受新环境提升适应能力，让大孩子增强责任意识、服务意识、自律意识，合班将给孩子们带来很多平时得不到的锻炼机会。请您跟我们一起鼓励孩子，为孩子创造同伴学习的机会吧！您将会看到一个懂得合作、更具社会适应能力的孩子"。

家长会上，我真诚地与大家沟通："作为园长，一要为孩子们着想，二要为家长着想，三还要为教师们着想。教师们为了孩子们的进步，都在不断付出努力。相信我们的家长也都看在眼里，让教师们利用假期调整一下，也是为了开学后工作得更加出色！"家长们都被我的真情感动，夸奖着本班的每位教师。最后，家长们一致同意幼儿园合班轮休的决定。

合班一周过去了，我看到家长们的态度大为改观，因为他们看到了孩子的可喜变化，看到了合班的教育价值。记得东东的妈妈告诉我，东东认识了中三班的丽丽，他们住在同一个小区，晚上两个孩子还会通电话。小宝的妈妈在博客中留言："从视频中看到自己的孩子会主动给弟弟妹妹们穿衣服，像个小老师，太让她感动了！现在小宝在家连自己的被子都会叠得整整齐齐，让妈妈好惊讶！"楠楠爸爸原来反对合班的呼声最高，现在特别倡导合班。他在博客中留言说："我儿子认识了很多新朋友，还特自信地告诉我，开学后他就是幼儿园最大的哥哥了！"

有的时候，我们总是抱怨家长不信任我们，家长的要求很过分。其实，幼儿园和家长在教育孩子这件事情上，是站在一起的，都是为了促进孩子的全面发展。只要幼儿园的工作到位，家长就会理解并支持我们。

园长所做的决策要考虑幼儿、教师和家长三方面的因素，在沟通中要能从多角度全方位地诠释事物，并能引导身边的人学会多角度考虑问题。

(二)个别家长的直接回应

虽然园长不会一一去做日常家长工作，但应通过多种途径对各班的家长情况有所了解。针对一些比较特殊的家长建议或意见，园长可以直接与其进行沟通。

案例 7　意外伤害发生后

当时我正在巡班，还没回到办公室就听到嘈杂的声音，怎么回事？好像听见大班苗苗妈妈的嚷嚷声。前两天户外活动时，苗苗自己不小心摔了一跤，下巴缝了五针，肯定是她家人一起来找我理论这事。我把他们迎进办公室，有苗苗全家人，还有他们请来的一个律师。

看到这个阵势，我也是单刀直入，直奔主题。"我知道你们今天来找我，是为了前两天苗苗受伤的事吧？正好律师也在这儿，请谈谈你们的想法吧！"孩子妈妈先打开了话匣子："孩子的奶奶把苗苗带大，一听说孩子受伤，心脏病犯了。"苗苗爸爸补充道："爷爷都犯高血压了！"妈妈显然有些激动："姥姥、姥爷又不在北京，我们又要照顾苗苗，还要照顾老人。"爸爸又说："孩子受罪不算，我们还得请假，这个月的奖金算是泡汤了！"孩子的姑姑说："本来还指望我侄女当飞行员呢，以后看来是不行了。"他们七嘴八舌，我只有在一旁认真听着，笑脸陪着，好话说着，让他们先发泄一下焦虑和怨气。

等他们安静下来，我首先对他们说了很多安慰的话，然后对他们说："幼儿园已经安排了保健医生照顾苗苗的饮食，还安排了班里的教师去家里陪陪孩子，给她讲讲故事，帮助孩子稳定情绪，让她尽可能开心一些。孩子因受伤而发生的全部医疗费用幼儿园都承担，您看您还有什么要求？"

我的话音未落，苗苗妈妈就迫不及待地问："后期的赔偿问题你们幼儿园是怎么考虑的？"之前我已经预料到家长会提出赔偿的问题，见到有律师在场，我就直截了当地答道："正好律师在这儿，如果您觉得需要赔偿，可以问问咱们请的这位律师，通过法律的途径才能解决吧！如果需要取证，我们会配合的。"

后来，苗苗的家人放弃了索要赔偿的想法，听班里的教师说，他们为教师们对苗苗的悉心照顾而感动，他们也咨询过律师，最后还是决定不打官司了。

当孩子出现的意外伤害时，园长必须冷静应对，只要我们真诚地从孩子的角度考虑问题，一定能得到家长的理解，所有的难题都会迎刃而解。

作为园长，要具备一定的法律知识和解决突发问题的能力。当家长提出索赔等其他教师无法处理的问题时，园长要能够主动站出来理智处理。

（三）入园前的面谈

入园前和家长进行有主题、有目的的面谈是十分必要的，通过与家长的交流能够了解家长选择幼儿园的原因，家长的教育理念，家长解决问题的思维方式等，有助于教师了解家长及幼儿生活背景。在与家长面谈中可以向家长介绍幼儿园的教育理念、管理理念，这种近距离的直接沟通为家长入园后的家园合作奠定了重要的基础。

案例8 走进家庭，走近孩子

俗话说得好"亲其师，信其道"。人与人之间面对面的交流、心与心的沟通才会使我们每个人都能放松自如，让老师走下"神坛"，走进家庭，产生意想不到的教育效果。而本次"走进家庭，走近孩子"活动，就给我带来了从未有过的感受。在家访的时候，面对的是家长和幼儿，要让家长感受到老师对孩子的关注和重视。这对幼儿是一种激励，对家长也是一个触动。教师、家长、幼儿三者共处一室，促膝谈心，拉近了心与心的距离，也形成了家园共同教育的合力。

我们来到鑫鑫家里，宝贝的父母受宠若惊，因为她是今年才插班到我们班的，所以有必要了解一下她的情况。我们向他们介绍了班级的一些情况和事项，也让刚进我们中六班这个大家庭的小朋友和爸爸妈妈更加熟悉我们的工作。面对面促膝畅谈，家长对我们的活动给予了高度评价与鼓励，也对我们的工作表示了肯定和表扬。

家长对老师的到来热心招待，他们觉得很温暖，也非常兴奋。这样也可以让小朋友知道自己在老师心中的分量，老师总是在默默注视和关心着自己。这次家访使小朋友和家长都觉得老师非常亲切，有些幼儿看到老师可能会以为老师是去家里跟父母告状的，所以有点畏惧，可事实上却不是的。获得“赞赏”是每一个人都想要得到的，我也不例外，但幼儿获得“赞赏”的愿望比成人会强烈。在幼儿园中，我们看到的可能是有些调皮的小朋友哪里不好、这里不乖，但是我们必须想尽办法寻找其闪光点，然后把他们的闪光点告诉家长，与家长共同探讨可以帮助幼儿进步的方法，改正一些不良的行为习惯。激发幼儿积极上进的热情，树立孩子的自尊心和自信心，通过家园互动共同来达到教育的目的。

总而言之，家访为老师和家长架起了一座“心”的桥梁，不仅可以达到沟通家长、教育幼儿的目的，而且完善了教育工作中的不足。老师面对的是很多个幼儿，而对家长来说只有自己的孩子，家长对自己的孩子都寄予厚望，这也给我们老师带来了无形的压力。在以后的工作中，我们一定会多和家长沟通，相互合作，相互信任，共同教育幼儿健康快乐地成长。

二、借助载体，丰富家园沟通的情感性

（一）隐性沟通

1. 环境沟通

园长了解到的家长问题、困难、疑惑等可以通过环境进行沟通。如将家长的教育困惑以案例分析形式在园门口的电子屏上进行展示，或在园内书角投放有针对性的报纸、杂志，巧妙引导家长进行阅读，共同讨论热点问题，帮助家长解决困惑。

2. 入园登记

入园登记是教师在沟通前所做的准备工作，留存幼儿及家长的资料有助于教

师、园长了解幼儿及其家庭情况，以便日后针对不同家长进行有效的沟通。入园登记不仅帮我们收集到有关孩子的第一手资料，还帮教师了解到家长对孩子的期望，有利于及时调整教师的教育策略。最重要的是，通过这项工作，家长与班里的教师建立起了良好沟通的氛围。

案例 9 新生入园登记

幼儿园都很重视幼儿的入园登记工作，它不仅仅可以帮助教师了解孩子的基本信息和家长的需求，更重要的是了解孩子的身体状况，特别是那些有先天疾病史的孩子，如先天心脏病、癫痫、过敏等，这样幼儿园才能根据孩子的特殊需要给予适当的照顾。如果发生紧急病情时，教师才能及时处理以免延误治疗。

这项工作说起来容易，做起来却并不容易。一方面，家长担心如实告知孩子的疾病史后，幼儿园会拒绝接收孩子入园，所以会有意隐瞒；另一方面，教师有时意识不到这项工作的重要性，将填写入园登记当成走过场。

我们幼儿园大班有一个从外地转来的小朋友，入园时家长没有如实告知教师孩子患有先天性癫痫，教师也没有特别注意调查和了解孩子的疾病史。一天午饭后，孩子突然犯病，四肢抽搐，口吐白沫，班里的教师顿时手忙脚乱不知如何是好。幸好及时与家长取得联系，了解到孩子患病的情况后，保健医生妥善地进行了处理，才避免了意外的发生。

针对这种状况，我们要求在家长填写入园登记表时，至少要有三位教师在场，一名招生教师，一名保健医生，一名班级教师。当家长填写登记表时，教师要给予详细指导，特别是保健医生要向家长解释如实告知孩子疾病史的重要性，打消家长的顾虑。我经常会跟教师和家长讲一个事例，有个幼儿园，因为孩子在入园登记时家长没有如实告知孩子的病情，导致一个有先天心脏病的孩子，在幼儿园发病时，因为教师不了解情况，没有来得及处理而造成了不可挽回的后果。这个极端的案例，让家长和教师迅速理解了入园登记工作的重要性。

虽然万事开头难，但为了给孩子们提供一个健康、快乐、和谐的成长环境，创建家园之间沟通与合作的桥梁，让我们从入园登记开始做起吧！

作为园长要树立教师对入园登记工作的重视，指导教师做好入园登记工作，让入园登记成为家园有效沟通的起点。

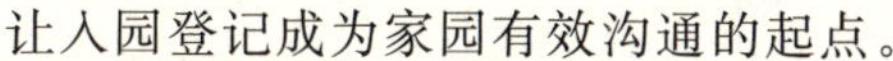

（三）传递沟通

1. 教师与家长的直接沟通

园长虽然不能与每一个家长进行沟通，但可以指导老师与班中家长进行沟通。教师与家长沟通的技能是在实践中探索出来的，同时需要在“传帮带”过程中逐渐积累和总结。一个园做家长工作的风格与园长的领导有直接的关系。园长可指导教师创造良好的沟通环境，要求教师具备正确的沟通心态。第一，保持乐意接受批评的心态；第二，坚持教育的信心；第三，与家长保持“共同为孩子”的合作心态；第四，接纳家长，因为他是爱孩子的。

2. 开设园长信箱进行书信沟通

园长信箱可以采用传统的书写方式，也可以采用电子邮件方式。园长信箱的设置增强了园所建设的透明度，让家长多一种通道来了解幼儿园，最重要的是让家长感受到地位和机会的均等。

（四）与家长沟通的多种渠道

教师与家长沟通的渠道多种多样，每一种沟通渠道都有它独特的形式与功能，对传递信息发挥着独特的作用。教师根据自己的沟通需求，选择适宜家长接受的沟通渠道，可以最大限度地发挥沟通的积极效果。

家长工作的内容涵盖与幼儿相关的方方面面，只有具有针对性的家长工作才能切实达到解决家长困惑，传递育儿知识和教育方法，传递园所文化和教育理念的目的。但由于家长的文化水平，接受水平、教育观念以及对幼儿的期待值、关注点各不相同，所以家长工作不能采取单一的方式，要根据沟通的内容采取适宜的方式。

第一，通过定期召开家长会、家长半日活动等多种途径，让家长了解幼儿在园生活及发展情况，主动听取家长对教育工作的意见和建议。

第二，建立教师与家长联系制度。教师应根据每个幼儿及其家长的实际需要，采取适当的形式与家长沟通，共同研究教育幼儿的策略。

第三，利用家长的教育资源，丰富扩展教育内容。让家长了解本班的教育目标和教育内容，主动参与班级的教育活动。

第四，通过咨询、讲座、研讨、交谈、亲子活动、记录幼儿成长档案及网络互动等方式，引导家长树立正确的教育观念，掌握科学的育儿方法，优化家庭教育水平。鼓励家长相互学习，经常交流育儿经验。

《纲要》通过以上四条内容向我们明确了家长工作的内容。教师在日常开展家长工作时应该在理解家长工作意义的基础上创造性地开展各种活动，达到家园共育的目的。

第四节　与家长沟通的多种方式

一、随机面谈，彰显师者智慧

在开展家长工作的各种途径中，面谈一直是与家长沟通的最便捷也是最常用的方式。平日的面谈既是教师和家长的沟通环节，还是双方建立情感的好机会。通过面谈家长不仅能够了解孩子在园的情况，还能传递出教师对孩子的关爱。针对平日的面谈，主要有以下几种情况。

（一）来园时的面谈

此时的面谈以简短的交流为主，一般以教师发起为主，目的是了解幼儿在家的情况及家长是否有特殊需求。重点了解每天来园的幼儿在家休息的情况；前一日未来园的幼儿，若是身体不舒服，重点了解孩子的身体情况、精神状态和需要特殊照顾的地方；若幼儿前一日在园身体不舒服，重点了解幼儿回家后的情况。

（二）离园时的面谈

离园时的面谈时间比较充分，教师可以谈谈幼儿当日在园的表现；一段时间内幼儿出现的某种问题；一段时间内某方面取得的进步；也可以根据家长需要了解的内容，每日重点约谈几名家长，向家长详细反馈、交流相关内容。此时的面谈可以根据内容三位教师合理分工，做到面谈有重点。此时的面谈有时是家长发起的，目的是发现了孩子某方面的问题，希望通过面谈向教师了解相关情况。为了便于后续沟通，可以把家长有代表性、有分享价值的谈话内容记录下来。使教师能够更加清楚地了解家长的不同关注点和需求，了解孩子的发展情况，从而采取更加具有针对性的指导方法，保证交流的时效性和连续性。

表 1　家园联系谈话记录

幼儿姓名		家长姓名		教师		谈话时间	
交流内容							
建议与措施							

（三）家长会后的面谈

每次学期初和学期末的家长会结束后，也是教师和家长进行有效面谈的“最佳时间”。作为教师可以更加清楚地了解家长对班级活动的建议。作为家长一是想全面了解孩子一段时间内的表现，一是是否能顺利跟上学习进度，之前比较薄弱的地方是否有进步等；二是想根据教师介绍的培养重点，了解在家的配合方式。此时的面谈一定要以共同交流的态度进行，对家长提出的合理化建议要虚心接受，对不适合的建议要说明不接受的原因。给予家长的反馈一定是客观综合的，要针对发展目标提出建议，让家长既看到孩子的成长又明确培养目标。

（四）发生误解时的面谈

每个家庭中参与幼儿园活动中的家长是相对固定的，家中的其他成员都是通过他和孩子来了解幼儿园和教师的。但这种了解有局限性，尤其是对教师的教育风格，活动的意义不能完全了解。所以，有些时候家庭中的其他成员会对教师的某种做法或组织的某个活动产生不理解的现象。家长的不理解会通过与教师沟通的语言、语气、表情体现出来，作为教师要能够洞察到家长的细微变化，及时与家长进行面谈沟通。面谈时以了解为基础，耐心听完家长的想法，然后再对当时教师的做法或活动的价值进行分析，以此化解家长的误解。需要注意的是，对家长误会的化解一定要及时，尽量采取面谈的方式，要站在孩子发展的角度进行沟通。只有这样家长才能体会到教师的真诚与专业。

案例 10

一位家长在贴吧中这样写道："我的孩子在幼儿园已经很长时间了。说真的，我现在对孩子在园情况很不了解。孩子每天在幼儿园八小时，晚上接回家和我们也就相处两小时。孩子回家不太说幼儿园的情况，问老师，老师总说'挺好的'。真不知道这'挺好的'到底好到什么程度，我们家长该为孩子做哪些准备？"

正如家长所描述的，"挺好的"是教师口中最容易说出的话。抛开这种回应不说，我们首先思考当家长站在教师面前向教师询问"我家孩子表现怎么样"时，给我们传达的第一个信号是什么？我的第一反应是教师的家长工作已经处于被动状态。如果教师总是能主动地用各种方式与家长沟通交流，家长就不会特意向我们进行此种询问。其次，再思考家长向教师进行这样询问的时候应该怎样回答？当家长兴冲冲地问孩子今天一天表现得怎么样时，教师经常是简单的一句"挺好的"，即便是这简单的三个字，似乎也是经过深思熟虑，不敢说孩子不好，怕家长面子上挂不住，不敢说孩子很好，怕一日生活中有什么缺点被掩盖。但是一句"挺好的"能给家长提供哪些方面的信息？换位思考，如果自己是家长，最希望听到的是什么？我想应该是对孩子表现的具体描述。一句"挺好的"等同于敷衍，是什么方面好，好到什么程度，没有提醒家长需要关注什么配合什么都一无所知。家长会感觉教师没有关注孩子。当家长把孩子送到教师手中时，教师就应该对孩子负责、对家长负责，采取适当的形式与家长沟通，给予家长对孩子在园情况的知情权。

案例 11　挑食的峰峰

近期我们班小朋友挑食的坏毛病尤为严重。刘云峰小朋友就是其中一个，他不喜欢吃木耳、银耳、冬瓜等，每次遇到这些蔬菜，就成了他的"大难题"。随着他挑食问题的开始，其他幼儿也跟风开始挑食，为了不吃不喜欢的蔬菜，开始找各种理由，甚至说妈妈不让吃。怎么能够正向引导幼儿养成不挑食的好习惯呢？为了解决这个问题，利用午睡时间，我主动和保育老师沟通云峰小朋友的表现和全体幼儿跟风的现象。云峰小朋友平时跟着奶奶生活，奶奶岁数大了，没有太多精力管孩子。所以我打算从刘云峰小朋友找到突破口，每次遇到他不喜欢吃的蔬菜，我先找他沟通，以好朋友的口吻告诉他："哎，今天的菜里又有木耳，我不喜欢吃，这可怎么办呢?"再和他拉钩许下承诺，答应和他一起面对木耳这道菜，看看谁做到了。保育老师也会少给他盛一点，循序渐进地帮助他养成爱吃蔬菜的好习惯。终于有一次，他很棒，把菜都吃完了。送完碗之后，跑到我的身边，用好听的声音告诉我："程妈妈，我很棒吧!"并把手准备好，要和我拉钩钩。我顺势把他抱了起来，亲了一口。其他小朋友看到之后，也抓紧时间吃饭，并向我"索吻"。

晚上离园时，我及时找到刘云峰妈妈，和她沟通孩子今天的表现，并把云峰吃完所有菜的好消息告诉妈妈。妈妈先是很惊讶，便问起孩子来，云峰说："其实木耳也不是很难吃嘛，程妈妈说了要多吃蔬菜。"云峰妈妈握住了我的手，说："太谢谢您了，在家里，我和爸爸都很忙，奶奶又惯孩子。"我简单的和妈妈说了事情经过，争取做到家园一致的教育，使孩子挑食的坏毛病真正得到及时纠正，做一名健康的宝宝。并给云峰妈妈建议：在纠正孩子挑食、偏食习惯时，家长要把握好度。既要给孩子挑选食物的一定自主权，又不能完全由着孩子自己来。在孩子吃饭时，父母容易犯一个错误就是担心孩子如果不吃或者吃得太少会影响健康，为此放弃原则。在这一点上，父母一定要达成一致意见。如果孩子在进餐时间不吃饭，没问题！给孩子自主权。你可以不吃，但要告诉他不吃饭的后果，如果不吃饭也得不到其他食物。家长一定要说到做到，将家中可吃的东西藏起来。经过几次之后，孩子就会知道必须好好吃饭，否则会饿肚子的。

上面案例中我们看到这位老师在做家长工作时很严谨，观察到幼儿进餐中的问题后，首先进行了幼儿情况和家庭教养方式的分析，并采取一定的措施对幼儿挑食行为进行纠正，让孩子的饮食习惯有所变化。最后再利用与家长面谈的方式让家长了解幼儿现在存在的问题及教师的解决方式，通过家长工作争取家长的理解、支持，达到共育幼儿的目的。

《指南》指出"要重视家园共育，强调要重视家庭教育对幼儿终身学习和发展的重要影响，倡导建立良好的亲子关系，创设平等、温馨的家庭环境，注重家长对孩子言传身教和潜移默化的影响"。家长工作是幼儿园工作的重要组成部分，只有通过家长与老师之间相互沟通、相互了解、相互配合、相互支持，双方形成合力，才能使我们的孩子健康成长。

教师已经达成共识幼儿园需要通过多种途径开展家长工作，但对做家长工作的目的和内容还存在不同程度的认识。目前的家长工作中教师能够让家长了解幼儿在园生活及发展情况，让家长了解本班的教育目标和教育内容。根据不同问题给予科学的分析，对幼儿进行正向有效的教育指导，通过沟通让家长的教育观念有所提高。

在家长工作中教师有义务了解家长在家的教育行为和教育观念，并且主动听取家长对幼儿园教育工作的意见与建议，这对幼儿和幼儿园的发展是很重要的。教育幼儿是一项系统工程，家庭和幼儿园要统一教育观念，在教育行为的实施上要一致、也要互补，这样才能效果叠加，更好地促进幼儿的成长。

二、集体沟通，亮出专业的水准

案例12 沟通带来的变化

现在的家长性格比较内向、不善表达，不知如何与教师当面交流，所以大部分的家长会使用微信、短信或是打电话的形式向老师咨询孩子在园的情况，却忽略了面对面的沟通，针对这一点我开展了一个小型的家长会，会议的主题是“放下手机面对面说说话，让你我的沟通零距离”。

会议开始前我先和家长做了一个简单的游戏，我发给每位家长两张正方形的纸，请家长与我一同做个实验。先拿起一张纸，第一次的实验要求如下：家长根据教师口令对折纸，在折纸的过程中不准提问、不准交流沟通，最后将折好的纸的其中一个角撕下来，将纸打开，统计家长与教师手中纸的模样相同的人数。第二次的实验要求：家长根据教师口令对折纸，可以提问，最后教师统计纸模样相同的人数。游戏结束，结果显而易见。通过这个小游戏我告诉家长：只有家长与教师同步折纸，并且在这个过程中家长们勇敢提问，那么我们折出的纸就会是相同的，只有我们之间有沟通，并且能够做到家园共育，那么我们共同培育出的孩子才会是最健康、最快乐的。

游戏过后，我举了个简单的小例子点明了我开会的主题，我说：我很喜欢面对面的交流，因为只有面对面说话才能最直观地表达出我们的想法，比如说“好的，没问题”这简单的几个字，如果我用短信的形式发给您，您就不能感受到我说话时的语气。如果我用打电话的形式说出这几个字，您虽然能听到我说话时的语气，却无法看到我说话时的表情。但是如果是面对面的沟通呢？您就能最直观、最快速地感受到我的回应。所以，家长们，请让面对面的沟通代替电话。

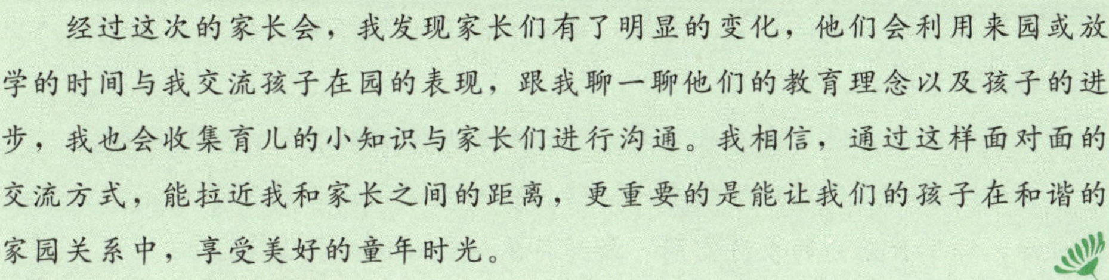

经过这次的家长会，我发现家长们有了明显的变化，他们会利用来园或放学的时间与我交流孩子在园的表现，跟我聊一聊他们的教育理念以及孩子的进步，我也会收集育儿的小知识与家长们进行沟通。我相信，通过这样面对面的交流方式，能拉近我和家长之间的距离，更重要的是能让我们的孩子在和谐的家园关系中，享受美好的童年时光。

（一）家长会内容有价值

无论家长会的规模大小，时间长短，采取什么形式，一定要保证每次家长会的内容对全体家长是有参考价值的，避免个性问题集体说。通常家长会可分为介绍型家长会，即幼儿园或教师向家长介绍幼儿园情况或班级工作的相关情况；讲座型家长会，即转变教育观念、丰富家长育儿知识、提升家长育儿能力的相关活动；研讨型家长会，即针对幼儿成长中出现的问题、班级开展的活动，教师和家长共同讨论并采取相应的指导策略和活动安排。保证家长会内容的价值性，可以显示出幼儿园和班级的规范化管理，体现出幼儿教育的先进理念，展现出教师的良好素质。

案例 13 创新家长会

“真是着急，马上就要开家长会了，真不知道怎么组织，怎么能出点新意呢？你有空时帮我想想行吗？”听到小一班的王老师向中班的张老师请教，作为园长的我看见这样爱思考、想创新的教师感到开心、欣慰。

互相学习、取长补短已经成为我们幼儿园教师的好习惯。王老师是一位新班长，还没有过开家长会的经验，她觉得心里没底儿。

我请老师们将关于开家长会的困惑整理出来，并针对如何开好家长会、如何创新家长会等问题进行分析。例如，开家长会的流程是怎样的？可以有哪些形式？怎样让家长会发挥最大功效，开家长会时教师如果紧张了怎么办？对新教师的困惑，可以充分发挥老班长、老教师的作用，通过同伴互助，让教师间的经验得到共享。

通过大家的积极探索和交流，教师们将创新家长会的形式归纳为以下几种。

经验交流式，即结合某一专题，请家长相互介绍经验，教师再从中提炼出适宜的教养策略。

专家讲座式，邀请专家来园向家长介绍幼儿家庭教育的方法与策略。

头脑风暴式，由老师根据本班工作提出相应的问题，请家长从不同角度展开讨论，给家长充分的表达空间，教师再总结最合适的教育方法。

会诊式，家长提出自己在教育孩子过程中的困惑，由教师进行分析，并给予家长相应的教育策略。

团队互动式，家长们以抽签的形式分成若干小组，每个小组针对一个代表性的话题展开讨论，将自己在家教中的实例与大家分享。

小型主题会议式，针对每一类幼儿的不同情况，召开小型主题家长会，与家长共同分析原因，共同讨论指导策略。

前不久，小一班的王老师兴奋地告诉我，自从她们班尝试创新了家长会的形式后，她与家长的关系比以前更融洽了，她再也不为开家长会的事情发怵了！

创新家长会不仅调动了家长参与家长会的积极性，拓展了家长教育孩子的方法和策略，而且还有助于家长形成正确的教养观念，进一步促进了教师们的成长，密切了家园之间的联系，真可谓一举多得！

作为园长，需要发现教师的困惑并给予教师切实的帮助。

（二）家长会沟通讲方法

1. 结合不同需求召开家长会

每个幼儿都是独立的个体，在发展中存在个体差异，既有共性问题，又有个性问题。因此教师和家长沟通时的侧重点应该有所不同。为了更好满足不同家长的需求，可针对不同的问题开展不同类型的家长会。如好动自我管理能力较弱幼儿家长会、内向不善表现幼儿家长会、运动能力较弱幼儿家长会、脾气暴躁幼儿家长会等。由于目前负责接送、照看幼儿的家长既有父母、也有爷爷奶奶、姥姥姥爷，而不同年龄段的家长无论在育儿观念、育儿方法都有所差异，因此教师还可以根据不同年龄段的家长召开家长会，如祖辈家长会、父亲家长会、全职妈妈家长会等，结合不同年龄层和育儿方式召开有针对性的家长会，达到提升育儿理念，实现家园共育的目的。

2. 采取多种形式传递家长会内容

之前的家长会通常是以教师说为主的家长会。而随着教育理念的不断更新，改变的不仅是师幼之间互动的方式，同样也改变了教师与家长之间的互动方式。现在的家长会越来越重视与家长之间的互动，越来越重视家长开家长会过程中的感受。为了能够与家长之间建立有效的互动，教师通常会采取以下方式开展家长会。

(1)利用提问环节答疑解惑

无论是通知型的家长会还是讲座式的家长会，主讲人讲完之后一定要给家长留出提问的时间，让家长把没听明白的内容或心中的疑惑问出来，由主讲人给予答复，避免由于留有疑问产生对会议内容的错误理解。

(2)利用试听方式加强理解

家长的理解是教师顺利开展班级工作的基础，要想获得家长的理解，一定要让家长了解教师的工作，了解开展活动的意义和价值，只有这样家长才能有感同身受的体验。可以说家长会就是让家长了解幼儿园工作、了解教师工作、了解活动价值的良好途径之一。

如在新生家长中，可以利用园所宣传片让家长了解幼儿园的教育理念与教育特色，了解幼儿园的师资构成，了解日常开展的活动。通过班级的幼儿成长档案让家长了解幼儿在园的一日生活，了解每次活动幼儿获得的发展，感受幼儿的成长。而这样的方式既形象生动，又具有很强的说服力，能够自然而然地引发家长的共鸣，远比教师单纯的介绍效果好。

(3)利用体验方式赢得配合

只有让家长真正成为幼儿园教育的一分子，才能充分调动起家长的积极性，赢得家长的支持配合，最终达到合作育儿的目标。有经验的教师都有这样的体会，如果家长没有参与幼儿园或班级活动的经验，往往对教师组织的活动或提出的配合方式并不重视。所以如何让家长在活动前就体验到活动的价值是调动家长积极性、转变家长观念的基础。其实，家长会就可以做到这一点。教师可以利用新生入园前的家长会、新学期的家长会、活动前的家长会，通过让家长体验某个活动内容或对与其相关的内容进行实际了解，从而赢得家长配合。

如新学期有家园制作的活动内容，家长会中就可以请家长体验之前家长制作的户外玩具，让家长通过探索玩具的多种玩法，体会玩具对幼儿体能及社会性等方面发展的促进作用。请参与制作的家长介绍玩具材料的选择、制作方式并带领大家进行制作体验，在感受制作乐趣的同时，让家长了解作为制作者的价值。

除了活动，还可以请家长体验教育方法的重要性，从而能够和教师一起运用正确的教育方法帮助指导幼儿。

如针对幼儿的挫折教育，可以模拟小朋友玩套圈游戏的情景，一组扮演孩子、两人扮演家长，当孩子套圈没成功发脾气时，一位家长帮助孩子想尽办法安抚孩子；另一位家长则先帮助孩子平静心情，然后询问原因，再和孩子一起想解决问题的方法。通过分析两种不同的指导策略，了解正确的指导方法。而且通过情景体验，家长也体会到，不能盲目顺从孩子的需要，要在保护孩子自尊心的基础上，让孩子学会正确解决问题的方法。同时，家长也体会到了自己与老师在教育方式上的差异，要多向老师学习科学的教育方法。

案例 14 情境体验《套圈》

情境设置

小朋友在一起玩套圈游戏，可是每次轮到小美，她都套不过去。几次过后，小美把圈扔到地上哇哇大哭起来。

一号妈妈出场

妈妈：呦！宝贝，怎么了？

小美：我怎么都套不过去圈。

妈妈：哎呀，没事儿，咱们刚开始玩，套不过去没关系，再说你还小呢，再长大点一定能套过去。走，妈妈带你玩别的去。

小美：好，妈妈我想玩拍球。

妈妈：好，咱们拍球去。宝贝乖！不哭了啊！

二号妈妈出场

妈妈：宝贝，怎么啦？跟妈妈说说。

小美：我怎么都套不过去圈。

妈妈：是吗？你试了几次？

小美：我试了好几次，就是套不过去。

妈妈：没关系，把圈拿过来，你再套一次，让妈妈看看是怎么回事。

（小美拿过圈开始套圈。）

妈妈：宝贝，别着急，哪过不去告诉妈妈。

小美：妈妈，我这只胳膊总是出不来。

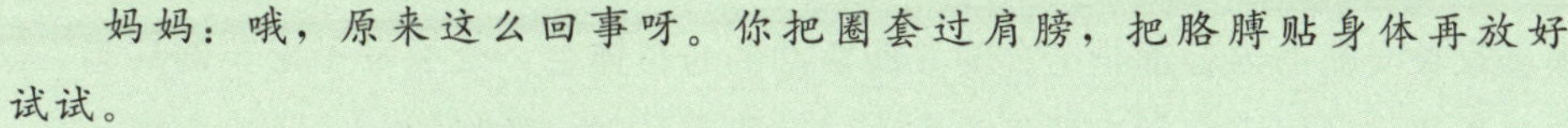

妈妈：哦，原来这么回事呀。你把圈套过肩膀，把胳膊贴身体再放好试试。

小美：妈妈，套过去了。

妈妈：恩，不错，这回高兴了吧？这个问题难吗？

小美：不难。

妈妈：对呀，妈妈告诉你，遇到困难不要着急，好好想一想一定能解决的。

小美：好，妈妈我记住了。

问题讨论

以上两位妈妈的做法有没有达到安抚孩子情绪，帮助孩子解决问题的目的？哪种方法更有利于孩子的长远发展？

讨论结果

大家认为，单纯的安抚带给孩子的只是获得心理上的平衡，而总是帮助孩子找理由就会让孩子养成遇事就找理由，无法面对困难，不会解决问题的后果。而和孩子一起面对困难，则可以帮助孩子建立起正确面对困难的态度，并逐渐学会通过多种方法解决困难。而后者才是幼儿成长中有价值的经验积累。

（三）家长会沟通给建议

家长都希望能通过家长会获取一些关于育儿知识，教育方法方面的建议。而如何将这些方法、建议传递给家长也要讲究方式方法。“教条式”的讲述说服力不够，“灌输式”的讲座枯燥乏味。为了达到“输出”与“输入”的良好对接，就要把家长也变成“主讲人”，让家长把获取方法与提供方法有机结合起来，成为主动的参与者。

1. 通过经验交流提供方法

虽然家长在育儿方面会遇到这样那样的问题，存在各种各样的困惑。但是，其实每位家长都是一个资源库，都有自己独特的经验方法。如果教师能够把家长的经验进行有效整合，那么每位家长都会得到一笔宝贵的经验财富。所以，教师可以在家长会中设置“经验交流”环节，让家长把自己在教养孩子过程中最有效，最巧妙的育儿方法、教育心得分享给大家。此种分享没有主题的限制，旨在通过交流达到经验共享。

如：大班教师王老师在召开学期末家长会时为家长提供了经验交流的环节，很多家长交流的内容都是结合幼儿园活动的心得体会，既引发了家长的共鸣，又相互拓展了开展家庭教育的经验方法，获得家长的一致好评。

案例 15　关于阅读的两点体会

关于阅读，我有两点体会。一个是“说”，一个是“听”。

关于“说”，要感谢王老师留的这次关于讲故事的任务。老师让孩子拿回家一本书，先要家长讲给孩子听，然后孩子再到班里讲给别的小朋友听。给孩子讲过几遍故事之后，发现进步不大。我后来想到了一个办法。因为孩子老求我跟他下象棋，我就说，你给我讲一遍故事，我就跟你下盘棋。这样经过两周的努力，孩子终于可以把故事完整地讲给别的小朋友听了。

后来，孩子还讲故事给自己的奶奶听，给自己的姥姥听，给自己的大姨听，大家都夸孩子讲得好。

这次讲故事的任务，给我的体会是，只把故事讲给孩子听还不够，还要让孩子把故事讲给别人听，这样才能锻炼孩子的语言表达能力，和别人沟通时，也会更加有自信。

听和说都很重要，孩子和家长一起努力，两方都坚持下来，孩子一定能够获得很大的进步。

最后还要感谢幼儿园老师留的关于阅读的任务，感谢老师们为孩子付出的一切。

——张一爸爸

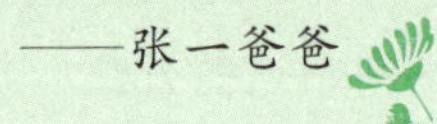

2. 通过研讨总结方法

虽然家长不是专业的幼儿教育工作者，但是现代家长普遍都具有较高的学历水平和反思能力，其中还不乏热心幼教、钻研幼教、具有真知灼见的家长。如果能发挥这些家长的作用，通过“以家长带家长”的方式共同研究幼儿在成长中出现的问题，不仅能够发挥家长的主人翁意识，还能让家长在围绕主题内容的探讨过程中，通过分享或成功或失败的教育经验达到相互影响的作用。以讨论的方式传递育儿知识、教育方法需要围绕一定的讨论主题，而且主题是来自家长的实际问题。讨论过程中，教师作为组织者要鼓励不同层次的家长各抒己见，力求通过实例分析总结出具有针对性的教育经验。

（四）家长会沟通传递情感

情感是人与人和谐相处的基础，只有建立了相互关心、相互信任的情感，才能共同携手向着同一目标努力。教师与家长之间的情感建立也是必不可少的。除了日常的交流，家长会也是教师与家长情感沟通的有效途径。在家长会中教师可以通过分类反馈幼儿情况的方式，体现教师对幼儿的关注和了解，让家长感受到教师的用心。日常的交流只是个体的，不能引起广泛的共鸣，而家长会中的集体交流则能充分显示出教师日常工作的责任心，增强家长对教师的认可和信任。这一做法的目的是增强家长对教师工作的认可，基础是日常活动中对幼儿的观察和了解，关键是找到孩子的实际问题和进步点。

案例16　学期初家长会反思

每年开学初，照例都会开一次家长会。连续带大班已经是第五年了，记得通知开家长会时间的时候，我就开始翻看了一下以往家长会的流程，发现年年岁岁“会”相似，岁岁年年“人”不同，瞬间觉得挺没意思的，几乎在开家长会之前的十分钟，我看一眼记事本，就可以把四十分钟的家长会完成了。

在周五教研家长会时，艳明在前面示范怎么开家长会，我在底下开始反思：假如我是一名家长，我希望参加一次什么样的家长会？开学初的家长会与学期中和学期末的家长会又有什么不同呢？家长会仅仅是一次工作计划宣讲会？大班第二学期家长会到底需要和家长传递什么呢？不断绞尽脑汁之后，我开始想到“仪式感”三个字，正如开学典礼一样，家长会需要的是一个“仪式”。在这个仪式上，家长需要归属感，需要话语权，需要表达权，需要和同样的一群人交流，需要倾听，更需要情感的互动，这种互动不仅来自教师，更来自其他家长，因为他们有相同年龄段的孩子，有类似的“家有小娃将入学”的困扰和焦虑。正如我每次到公园愿意和年轻的妈妈聊天一样，在诉说孩子的琐碎中感受到温暖，释放育儿的焦虑，更有机会了解他人的育儿方式，最难得的是在交流中不觉得孤单。

于是，我对大班第二学期的家长会有了初步的设想，贯彻“让家长成为会议的主人”的思想，老师作为一个组织者，目的是让家长在“倾诉与表达”中相互了解彼此“幼小衔接”的办法，同时增强对“大四班班级”的归属感。班级是孩子成长的地方，通过家长的友爱孩子们也能享受幼儿园最后的轻松时光。

在家长会的第一个环节，我简单介绍了大三班孩子插入的大四班近一周的情况，举一些孩子们融洽玩耍的小案例，家长们都开心地笑了。这是第一步的情感氛围的创设。

第二个环节，我说明今天家长会形式的改变，并且拿出巧克力当作发言的奖励。提前准备了九个问题，让9位家长随机抽取，同时主动拿走问题纸卷的家长可以得到巧克力。尽管预想了到以听为主的会议模式留下的问题，但是大家相互谦让拿纸条的样子还是让我忍俊不禁，我只好不断重复“有礼物哦，大家积极拿纸条回答问题哦”。平时外向型的家长便主动开始拿纸条了。

纸条上写着问题的序号，于是第一个发言的家长是美姿的姥姥。美姿姥姥的问题是“孩子上学期在幼儿园的进步，重点说三条”。美姿姥姥的发言让我很感动，甚至让我有想哭的冲动。姥姥说：“特别感谢孩子能来到大四班，在刘老师的管理下进步特别大，大家都了解美姿是一个能力弱的孩子，但是这半年她的进步表现在三个方面：第一，自理能力提高，自己能吃饭了，不用喂了，这是没想到的。有次生病在家待了三天，孩子喝了三天奶粉，病一好，我就赶紧送幼儿园了，因为在幼儿园她才吃饭；第二，学习能力增强，这学期不仅学会了十以内加减法，而且认识字了，开始跟着班里的小朋友学写字，孩子这半年认识了好多字，写得也很漂亮；第三，表达能力增强，在家愿意和我们分享幼儿园的事情，回家就念叨幼儿园，一次午睡做噩梦了，回家和我说，自己哭了，是大姨抱着她，不让她哭了。总之，特别感谢老师，真的谢谢你们。”美姿姥姥说完，我开玩笑地评价说：“您退休前肯定在中央上班呢，发言这么好!”其他人都开始乐，美姿姥姥哈哈点头说：“对，猜对了。”姥姥发言十分有条理，倒是像我的工作总结，而且特别真诚。其中她举的小例子，是孩子真实的例子，我都能回想到美姿回家描述当天午睡的情景，当日工作的一幕幕浮现在脑中，我抱着掉眼泪的美姿安慰：“别哭了，不怕，大姨在呢。”原来，孩子真的能感受到老师的爱意，能感受到老师的付出，美姿平时真的很少发言，但是她也会把老师的爱表达出来。假如这样的场景，从老师的嘴里描述出来，多少带着矫情的成分，但是从姥姥嘴里说出来，是那么让人感动，起码能温馨我下半学期的工作，真的感谢美姿姥姥的肯定。

第二个家长的问题和美姿姥姥一样，也是表达感谢的对老师，但是没有说具体的细节，所以印象不是很深刻。于是我得出结论，和家长任何一次交流，无论是集体开会还是小组交流或者是单独谈话，一定要讲细节，讲小事，那样印象才深刻，家长才会感受到老师的耐心和细心，往深处挖掘就是“感受到老师对孩子的关注”。第二个发言的家长条理清晰，说了很多日常工作，例如学习数学和英语对孩子的影响，但是举例太数据化，太清晰化，反而没有美姿姥姥那么平易近人，这也是我以后开家长会要避免的。数据罗列，知识堆积是打动不了听者的，因为这些东西太冷了，只适合做汇报。

第三个家长发言的是笑笑奶奶，退休前笑笑奶奶曾在一幼上班，之后调到丰台三幼，因此我开玩笑说：“我们是娘家人，您来串门了，又是我们前辈，一定要给班级下学期的工作提出合理化建议。”笑笑奶奶拿的是第三个问题：“对班级下学期工作的建议，说三条。”笑笑奶奶不愧是我们同行，发言分为三部分，第一部分是表扬班级，夸孩子进步；第二部分说自己家孩子与别人家孩子的差距；第三部分就是针对自己家孩子的不足希望老师重点培养，比如倾听能力、学习能力、做事拖拉的问题等。我特别理解笑笑奶奶，她的发言代表了大部分家长的心声，关注孩子的近况，改变能改变的方法，强调必须强调的问题，同时也是班级下学期工作的重点。所以，我打趣道，笑笑奶奶的发言就是下学期班级的重点工作内容，简直和我们教师想到一起。

第四个发言的是王柏轩的爸爸，是原来大三班的家长。说实话，在拿纸条回答问题的环节，大三班家长可能与我还是有距离感，主动的家长不多，但是王柏轩爸爸是主动找我要问题回答的人，这很让我吃惊。他爸爸个子不高，近两周的接送中和老师讲话也很少，感觉有些内向。每次爸爸和孩子的告别时间很长，有三分钟左右，经常是爸爸抱抱孩子，亲亲孩子的左右脸，和孩子再击掌两次，然后再抱一抱，耳语呢喃一番才恋恋不舍地说再见。每天的分离，我和思思都如同看韩剧一样，我俩私底下非常喜欢这样的爸爸，或者说这样的男人吧，并且有一次我俩将自己老公和王柏轩爸爸对比，深深感受到男人之间的差距，觉得自己家孩子的爸爸简直太不负责任了。爸爸发言完毕后，我简直对他更加崇拜了，崇拜这个“做事认真，肯于改变自己的男人”。爸爸拿到的问题是“针对上一个家长的建议，给予自己的意见，出主意”。王柏轩爸爸非常谦虚，他打趣道：“在给予奶奶意见之前，我想讲讲我和我儿子。”他说道：“我和我儿子第一要务就是长个，我俩都比较矮；第二个部分是介绍我教育儿子的一些心得，我以前是养马、养鸽子的，活得比较自由散漫，自小生活的家庭也粗犷。有了孩子之后，我觉得自己不能这样了，有什么样的家长就会有什么样的孩子，所以我看书，规范自己的言行，做一个好爸爸，每天和孩子的告别要有仪式感，让孩子感受到爸爸的关爱。其实这些我的家人并不是很理解，觉得我没有必要，但是我想让孩子成为我理想中的人。我特别欣赏跆拳道教练对孩子的教育，礼仪礼貌，上课第一件事就是大声向老师和同伴问好，这是我培养孩子的基本要求。第三部分想给刚才的奶奶建议，幼儿园教育是家庭教育的补充，不能仅仅靠老师，更主要的是靠我们家长，还是那句话，想培养什么样的孩子自己必须做孩子的榜样。”王柏轩爸爸说了很多，时间也比较长，大约十分钟，但是家长们听得很认真，可能都和我一样，被他不温不火的发言所感染，都在思考，自己需要给孩子树立一个什么榜样，哪怕曾经是那么放荡不羁、年少轻狂，但是冠以“家长”的称谓之后，能否做到“以身示范，潜移默化”。爸爸说完，大家不约而同开始鼓掌，实在难以用语言表达当时的情景，“认真的男人真的最有魅力”，何况在教育孩子上那么有心得，并且一直在身体力行。同时，特别感谢爸爸把话题从幼儿园对孩子的教育转移到家庭对孩子的影响，因为随后的家长发言中可以看出很多的反思成分。

第五个是鱼丸的妈妈发言，问题是“对孩子本学期的期望”，她说话声音颤抖，而且一直很紧张，结结巴巴地表达着自己对鱼丸的歉意：“鱼丸生下来之后，就是爷爷奶奶养大的，我和爸爸忙，很少关心孩子，尤其生了弟弟之后，对孩子的关心就更少了。孩子现在胆小、内向、敏感，我唯一的希望就是在本学期她可以阳光自信一些。”我想，妈妈当众说此番话，需要足够的勇气，她需要情感的拥抱，此时空洞的安慰或许收效甚微，我便夸奖鱼丸在班级中平时对伙伴友好，如果好朋友有一些难过，她便跑过来告诉老师，是一个懂事的孩子，随着年龄的增长肯定会越来越自信的。其余家长也纷纷附和自己家孩子内向、不爱说话，鱼丸妈妈稍微好一些了。我听到其他人也安慰鱼丸妈妈的时候，觉得这是家长会最好的状态，一个人的低落，大家可以帮助；一个人的孤寂，大家可以热闹；一个人的探索，大家可以携手。

第六个是子涵妈妈，她是丽泽中学的语文老师，刚刚上完开放课就过来了。她回答的问题和鱼丸妈妈一样，她讲到了孩子最近的改变，知道照顾弟弟，不让弟弟去窗台上玩，性格变得开朗许多，她本学期期望孩子快乐。子涵妈妈本身是老师，教授对象为中学生，更希望看到孩子以后的发展，所以我感觉内心强大的人对孩子的期望会很低，起码会把对孩子短期的期望变成长远的进步，不会对孩子某一阶段有过多的要求，同时以发展的眼光看问题，尤其是在孩子的教育问题上见解独到。写到此，我便有了更多感慨，其实对待小孩子真的要有一种“宽容包容”的心态，格赛尔的“成熟论”是此心态的理论支持吧。上一届特别捣乱的孩子王成瑞，让我操心许久，学期末时还不能坚持在小椅子上坐十分钟，年前在欧尚超市碰到孩子在买书，和妈妈在旁边聊天时，孩子在看十以内口算题，半小时没有动，小嘴巴一直在口算，心生感慨，孩子会越变越好的，此阶段的“愁”终究会消失。还想起不久前碰到第一届带过的毛毛豆豆兄弟，上四年级的，小伙子一样的挺拔，都快和我一般高了，妈妈自豪地说：“毛毛会做饭了”。“青青园中葵，朝露待日晞；阳春布泽德，万物生光辉”，本学期的焦虑迟早会过去，不如看得长远一些。

第七位回答问题的是由由妈妈，题目是“对孩子的期望，一生的期望”，意在让家长从短暂的幼小衔接转移到对孩子一生的期望，不忘初心，方得始终。由由妈妈说了三个期望，她解释道，孩子一出生她便开始思考这个问题了，到底期望孩子一个什么样的未来：“第一是快乐，无论什么时候都让自己有快乐的能力，无论艰难险阻都有快乐的心态；第二是爱学习，指的是学习做人做事的道理，时刻保持向上的人生状态；第三是自由，有能力自由选择生活方式和生活状态。”妈妈说这是自己思考完生活之后给孩子的建议，并且她举例说了我最喜欢的作家龙应台的作品《给安德烈的信》中的片段。回答完之后，很多家长开始鼓掌。由由妈妈说完，我看了一下时间，已经开了将近四十分钟了，我说道：“由由妈妈发言给了我很多启示，让我把幼儿园教育观拓展到了孩子人生教育观，这些是我未来得及时思考的问题，不过由于时间有限，现在得把大家拉回到琐碎的班级计划中。”

在讲述班级计划之前，我小结大家的发言：“记得看过一句话：‘我们生活在这样的状态是一种无奈，让我们的孩子继续于此，那是我们的无能’，改变可以改变的一些方式，让孩子拥有幸福有趣的大班，或许是我作为老师可以做到的事情，让大班的最后四个月留在孩子的记忆里满是幸福洋溢的画面。”在这样的开场词中，五分钟说完了本学期的大致计划。

以上是短短的流程简述和思考，改变方式只是一点，但是我已经看到了改变。王柏轩的爸爸超级支持班级工作，雾霾天的时候竟然和班级的每一个小朋友挥手再见；由由妈妈原来是一副高冷范，曾经为孩子之间的打闹和我有过一些误会，现在送孩子来时也笑意盈盈，孩子还问我：“我妈妈是不是说得很好?”吴思远奶奶当时没有发言，周五离园的时候专门留下来表达了她的教育理念……

其实这一次家长会对我的冲击也很大，教学相长，家长的发言给我输送了“营养”，当埋头研究专业方法时，家长已经关注到理念层面；当教师谆谆教导点滴的措施时，家长已经悄然行动了；当教师困惑于如何实施时，家长已经站在人生角度思考未来了。无法否认，很多家长的观念不及老师先进，但是教育者需要思考并反思与家长的对接方式，时时更新自己的教育理念。

三、电话沟通，提纲挈领的梳理

在日常的沟通活动中，我们借用最多的工具就是电话，电话使人们之间的联系变得更加方便快捷。在幼儿园工作中，当遇到孩子未来园，需要向家长了解孩子的情况或通知一些事情；父母工作忙不经常接送孩子，但希望多了解孩子情况，教师需要经常跟家长反馈孩子的表现；遇到家长未填写清楚服药记录单，需要向家长核实喂药时间、计量等情况时，都需要教师打电话与家长沟通。

为了提高电话沟通的效果，正确表达需要沟通的内容，在拨打电话时应注意以下几点。

第一，整理好想要与家长沟通的内容后再拨通电话，交流时条理清楚，语言简练。

第二，态度友好、真诚。

第三，交流中使用平实的语言与家长沟通，注意语速和语调，不使用简略语和专用语，如《纲要》《五大领域》等。

第四，在接收家长信息时养成复述的习惯，防止听错电话内容，内容较多时要及时记录下来。

第五，若非急事的沟通，要选择午休、下班后等合适的时间给家长打电话，避免影响家长工作。

四、书面沟通，传递浓浓的关爱

采取书面的沟通方式，目的是教师与家长双方能够更加清楚地进行互相了解。幼儿园最主要的书面沟通方式是家园联系卡、幼儿成长纪念册和幼儿成长档案。

（一）幼儿成长纪念册

幼儿成长纪念册是幼儿在园期间体、智、德、美等各方面发展情况的记录本。教师每学期全面填写一次本班幼儿的情况，家长阅后填写幼儿在家情况和要对老师说的话，开学交给老师。通过幼儿成长纪念册教师和家长能够结合幼儿一学期的发展进行交流。

幼儿成长纪念册的内容包括：宝宝入园小档案，记录宝宝的基本资料和关于宝宝生活、健康情况的调查；教养篇，介绍幼儿园的任务，幼儿园保育和教育的主要目标，幼儿园教育内容与要求，各领域与多元智能关系，幼儿身高、体重达标参考值；评价篇，介绍幼儿多元智能参考指标，每学期幼儿多元智能发展评定表，教师学期评语，幼儿假期在家表现，家长要对老师说的话；毕业离园篇，记录“我幼年的图画”“我幼年的笔迹”“我的好朋友”“教师赠言”“毕业合照”。以阶段记录为基础，通过这些内容完整记录幼儿三年幼儿园生活中的变化和成长过程。

表 2　小班幼儿多元智能参考指标

领域	多元智能	参考指标
健康	身体运动智能	能达到生长发育指标。 在日常生活中不哭闹，能选择自己喜欢的玩具进行活动。 养成勤洗手的好习惯，能安静进餐和就寝。 初步了解简单的自我保护常识。 能自然地走、跑、跳、爬和学做模仿操。
语言	语言智能	能初步听懂教师对自己或同伴说的话。 喜欢听儿歌、故事，并从中获得聆听的乐趣。 学习礼貌用语，学说普通话。 会用简短的语句表达自己的愿望，愿意回答别人提出的问题。 喜爱图书，知道书有封底，学习翻阅图书的顺序。
社会	人际关系智能	喜欢上幼儿园，喜欢老师和小朋友，对父母有礼貌。 喜欢和同伴一起玩，在老师的引导下能和同伴友好相处。 认识幼儿园的工作人员并认可他们的劳动。 在教师的提醒下，能够遵守班级常规和公共场所的一些规则。
	自我认识智能	在成人的帮助下，愿意学做自己能做的事，有责任感。 在教师的鼓励下敢于在集体面前讲话。 认识自己的生活用品，使用后放回原处。 当需要帮助时能够以合适的方式寻求帮助。

续表

领域	多元智能	参考指标
科学	数理逻辑智能	初步理解数学的含义、观察、比较、判断5以内数的数量关系。 认识圆形、正方形、三角形和长方形。 能指认出物体间的相同和相异。 初步学会用比较方法正确感知物体的大小、长短、高矮、粗细。 结合生活情境初步了解事件的概念。 学习按物品的特征进行分类。
	自然观察智能	观察几种常见的动植物，初步了解它们与环境的关系。 认识几种常见的交通工具和生活用品。 感知最明显的季节特征，初步体验大自然的美。 了解日常生活中常见的自然现象。 初步了解环境保护的知识及其重要性。
艺术	空间智能	初步学会使用简单的工具和材料，在教师指导下制作简单的物品。 能分辨几种颜色，能通过涂涂、画画、玩玩表现简单事物的主要特征。 初步学习协助老师整理活动材料。 学习欣赏同伴的美术作品。
	音乐智能	学习用自然声音歌唱，有表演的欲望。 感知歌曲中简单的节奏型。 随着音乐节奏协调地念唱并做身体动作。 积极参加音乐游戏活动，能感受其中的乐趣。

表3　小班第一学期幼儿多元智能发展评定表

领域	多元智能	评定结果		
		A	B	C
健康	身体运动智能			
语言	语言智能			
社会	人际关系智能			
	自我认识智能			
科学	数理逻辑智能			
	自然观察智能			
艺术	空间智能			
	音乐智能			

（二）幼儿成长档案

幼儿成长档案是教师结合日常活动，利用活动中为幼儿拍摄的照片、视频等素材，制作的集图、文、声于一体的视频文件，以光盘的形式送给家长。内容生动活泼，具有较高的欣赏性。幼儿成长档案展示的内容既可以是一学期的，也可以是一学年的，既可以是个人的，也可以是集体的。它既能生动的展示个体的表现，又能全面的展示班级所开展的活动，深受家长欢迎。

给孩子书写评语是家长最关心的一件事情，同时也是园长应该关注的事情。从一个老师书写的评语中可以读出教师对孩子的观察是否用心，也可以读出教师对孩子的关注是否具有持续性，从侧面反映出一名老师的专业道德和专业素养。

案例 17

豆豆，你是一个可爱的孩子！这学期你的进步特别大，能主动喝水了，还学会自己穿衣服了。豆豆你上课的时候很认真，积极回答问题。知道吗，老师特别喜欢你，希望你在新的学期，越来越自信勇敢！加油，宝贝！

从此案例中是不是看出了教师对孩子的爱？是不是透出老师对孩子年龄特点的把握？是不是透出平时对孩子细节的观察？教师能不能讲述孩子的故事呢？案例 1 中教师对豆豆的描述不具有个性化的特点，没有突出孩子本身的特点。对此，我组织园内教师一同研究：给孩子写评语到底需要注意哪些事项？

首先，描述要具体，让事情跃然纸上；其次，对孩子个性的判断要具有前瞻性，让阅读者对孩子的未来充满信心；最后，对孩子的期待要真诚合理，可读性强。

以下是研讨后教师给豆豆书写的评语。

案例 18

豆豆，还记得开学第一天你拥抱老师吗？让我一天都开心快乐，因为你像小天使一样可爱！这学期你的进步特别大，每天能主动喝水，有次还提示老师也要多喝水，特别棒！从刚开始老师帮你穿一只鞋，到现在能主动穿上一双鞋，进步特别大！豆豆你认真倾听老师和同伴发言，记得你一次说“暖洋洋的老师”，让我心里暖暖的。如此可爱和善解人意的豆豆，三位老师希望你在新的学期，健康快乐成长！加油，宝贝！

五、网络沟通，拉近心与心的距离

导入

"每天在单位能够看到宝贝在幼儿园的活动小视频，心里暖暖的，看到孩子们的笑脸，上班工作都更有劲了。"

"那天早上去幼儿园时孩子情绪不太好，我上班路上心情还一直忐忑不安。没想到 8:20 多就收到了高老师发来的孩子进餐小视频，看她吃得那么香我的心情一下子就好了。还得感激高老师，真是细心又贴心，为我们家长解决了很多后顾之忧呢。"

"每次出差最舍不得的就是孩子，上了幼儿园后他们班每天都发孩子在园活动的照片和文字，而且每个小朋友都会上镜，有时还会发小视频。看到这些感觉自己无论在哪离他都很近，也惊喜孩子竟然有这么强的适应能力，看来家长出差与否对他们没什么影响，只是自己在瞎担心罢了。"

随着信息技术的发展，网络互动被高频率使用。通过短信息收发班级通知，通过博客晒一晒班级活动照片，通过微信传递实时文字图片信息，通过群聊展开话题讨论等。对"80 后"家长来说这些沟通途径打破了时间与空间的界限，拉近了与教师、幼儿园的距离，能够切实解决上班族家长与教师沟通的困境。

网络沟通就是运用计算机网络，在虚拟的世界，人与人之间通过计算机这种客观的工具进行的文字、图片、声音、视频的交流沟通。网络化是网络沟通的显著特点，网络化使工作更加快捷，而网络资源的共享为工作提供更为丰富的资源。网络互动给幼儿园的家长工作带来了很多便利，不仅能够让家长了解幼儿在园的具体情况，还能通过网络互动解决家长的个性需要。

案例 19 大问题巧解决

班中有个后转入的小男生叫吉祥，吉祥是个小小的闷葫芦，在班中不喜欢和大家说话做游戏。在我看来没有孩子是天生的不合群，孩子刚刚到幼儿园，表现出情绪不是很高涨很正常。随后的几天中他没有按时到园，出于关心我拨通了吉祥奶奶的电话。从奶奶口中得知，小吉祥很怕陌生人，在家中每每提到要去幼儿园，他就会很反感，家中的父母和长辈为了这个事不知所措。为了帮助家长解决这个问题，挂断电话后我想了很多种办法。于是我决定用现如今便捷的电话联系方式，让孩子先从心中接受我。首先我在邮箱中给吉祥妈妈发送了一张幼儿园老师的照片，然后在吉祥不来幼儿园的这几天中，我都会给他打电话，从一开始的拒绝接听到站在一旁按免提键收听，到后来能够在电话中与我进行简单的是和否的对话。我想孩子现在可能习惯每天的这一通电话了，在了解我的外貌长相，熟悉我说话的声音之后，我们就不算是陌生人了。吉祥也试着开始到幼儿园来参加集体生活了。吉祥奶奶身体不好，解决了孙子上幼儿园这个大问题，奶奶才能够安心在家中静养和休息。小吉祥的爸爸妈妈，到处夸赞我的方法有效，大问题巧解决！

案例 20 小网站大用途

离园时，我发现几个家长在兴高采烈地讲着什么。毛毛妈妈看到我老远就打招呼，她们聚在一起开心地议论着孩子们在剪纸活动中的进步。一个家长神采奕奕地说："你们是不是都从幼儿园的网站上看到的呀？老师多辛苦啊，园长您可要给点嘉奖。"看来，家长们很关注幼儿园网站的信息。

在幼儿园网站中，我们设置了园所动态、班级博客、游戏天地、成长档案、教师风采、联系我们等十多个栏目。其中，"园所动态"使家长及社会各界充分了解幼儿园的发展及各项工作。"班级博客"将园内的活动展示给家长，让家长了解幼儿园的教育理念，真正做到家园共育。"游戏天地"将五大领域目标与多媒体游戏有机融合，结合孩子不同年龄的学习特点，开展有趣的网络互动游戏。"成长档案"是由教师将幼儿在园的表现用照片、视频及文字进行记录；或者由家长将幼儿在家中的进步用视频或照片上传到网上，增强了家园之间的互动。"教师风采"将教师在园的工作通过照片和视频展现出来，让家长和社会了解幼儿教师的工作特点和特长。"联系我们"为家长提供各种在线服务及帮助信息，如常见问题解答、在线填写寻求帮助的单子，通过聊天及时解答家长育儿过程中的疑惑。

为了丰富家长的育儿经验，我们还定期请一些幼教专家在网上与家长在线沟通，开展育儿讲座，解答家长的问题。让家长与幼教专家零距离接触，进一步提升家长们的教育理念，使家长的教养行为更加科学有效。

我们还利用网站开展家长调查。我们在线进行了“园所品牌形象调查”“教师教育行为调查”“园所伙食情况调查”，及时获得家长的反馈信息，进一步了解家长的需求，使幼儿园的工作得以不断改进。

小小网站用途真是大！家长们对网站的关注，促进了幼儿园工作的不断创新与提高。幼儿园网站的建设，不仅宣传了我们办园的理念与特色，展示了教师的风采，更促进了幼儿园与家长及社会的交流，密切了家园关系，让家长成为幼儿园最好的合作伙伴。

目前在幼儿园网络沟通的方式除了幼儿园网站还有班级的博客、微博、QQ群、电子邮件、微信、飞信、短信、校讯通这几种，而其中应用最多的是博客、微信和电子邮件。

（一）博客

博客是一种十分简易的信息发布渠道。可以将班级的活动过程、幼儿的生活故事、科学的育儿方法、活动中的精彩照片、教师的教育笔记、家长的教育心得及时记录和发布，还可以提供互联网中最有价值的信息、相关的知识与资源。通过博客可以系统地展示班级活动内容，可以与家长分享大量的活动照片，既可以让本班家长了解活动详情，也可以增强班级间的互动。既可以满足家长自由表达想法的愿望，也可以让家长以博客为载体与教师、与其他家长进行深度的交流沟通。

如：一次在教师分享了关于阅读活动的内容后，家长在认可幼儿园通过多种方式培养孩子阅读习惯的同时，还相互分享了在家同孩子的阅读活动及感受。通过交流，家长们不仅对亲子阅读活动越来越重视，也使孩子的阅读兴趣越来越浓厚，阅读范围越来越广泛。

案例21　睡前故事乐趣多

睡前讲故事是睿睿和妈妈每天临睡前必做的一项功课。最近，妈妈每天给睿睿讲的故事是“奥兹国童话”。

这是一个很经典的童话故事，故事很长，有上下两册共96章。故事讲述了善良的小姑娘多萝茜被一场龙卷风刮到了一个陌生而神奇的国度——奥兹国，迷失了回家的路。在那里，她陆续结识了没脑子的稻草人，没爱心的铁皮人和胆小的狮子，他们为了实现各自的心愿，互相帮助，携手协作，历经艰险，经历了许多稀奇古怪的事。最终，他们凭借自己非凡的智能和顽强的毅力，都如愿以偿，达成了自己的心愿。

这是一本纯文字的书，我每天坚持给睿睿讲一章或半章，现在已经讲到第十六章“大骗子的魔法”。虽然书中没有任何插画，但在妈妈讲故事的时候睿睿也会跟着一起看。看到他认识的字还会用小手指出来告诉妈妈那是什么字。照片上睿睿指的是一个“飞”字，在告诉妈妈那个字念“飞”。

因为故事很长，所以就会担心孩子忘记了前面的内容，有时就会边讲边提一些前面的问题考考他。如：当多萝茜和几个小伙伴第二次见奥兹时，我就问睿睿：“你还记得狮子第一次见奥兹时奥兹是用什么形象出现的吗?”睿睿回答：“是个大火球。”孩子居然记得！

孩子的习惯是慢慢养成的，但这需要我们家长的坚持，只有坚持下来了才会有良好的习惯。有一个良好的阅读习惯会让孩子受益终身！

——睿睿妈妈

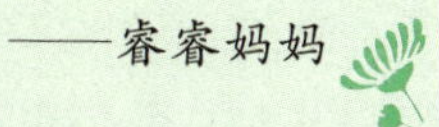

博文的发布要做到内容丰富，涵盖幼儿活动的各方面；博文保证质量，既反映活动过程，又反映幼儿的发展能力；更新及时，保持互动的连续性；回复讲时效，及时与家长进行沟通，解决家长的困惑。

如：同样是在关于家长阅读活动的交流中，教师通过家长的分享内容了解到家长希望孩子得到更多锻炼的愿望。于是在家长的内容后回复“翘楚能给妈妈讲故事了，真棒！老师和小朋友也期待你的故事哦!”回复之后，不但家长表示感谢，孩子也表示明天就给老师和小朋友再讲一遍。当孩子第二天站在大家面前再次讲起《小马过河》时，我们从孩子脸上看到了兴奋和自信，而且通过和家长交流得知孩子的这种情绪一直延续到家中。

案例 22 儿子给我讲故事

周日的早晨，翘楚在我的鼓励下，拿起一本书，开始给我讲他早已学会的一个故事，故事的名字叫“小马过河”。他拿起书，给我展示了一下书的内容，然后开始讲故事。

开始时，他眼神中充满不自信，目光游离，无法投入，语言有些含混。当他与我的眼神交流后，开始表现得大胆起来，大声讲起了故事，语言也变得流利。讲完故事，他还不忘有礼貌地鞠了个躬。

我看到了他的进步，希望他可以有更多的机会展现自己。

——翘楚妈妈

（二）微信

现在最热门的网络交流方式莫过于微信，微信是一款通过网络快速发送语音、信息、视频、图片和文字，支持多人群聊的手机聊天软件。因为是通过网络传送，所以微信不存在距离的限制，即使是在国外的好友，也可以使用微信进行沟通。

微信的便捷性成为家园联系的主要渠道，但是发给家长的微信中，园长需要重点关注哪些问题呢？

首先，确保文字通顺，没有错别字，能清楚表达教师要传达的意思，可读性强；其次，微信用词礼貌、和谐，能换位思考家长看到微信后的感受，争取家长的配合和支持；再次，假如微信是发照片或者图片，那么要关注是不是每个孩子都在图片中，因为家长的关注点是自己家宝贝；最后，挑选家长空闲时间发送，一般选择发送微信的时间是中午休息时间或者下班时间，那样家长不会在工作的时候一直忧心幼儿园的事情，影响自己的工作。

教师可以通过微信以图片或视频的方式实时展示幼儿园活动过程，让家长在工作之余也能随时了解孩子的活动情况。可以满足家长的个性需求，如刚入园幼儿的家长想了解孩子在园情绪如何，平时在家午睡困难的幼儿家长想了解孩子中午是否睡觉，自我管理能力较弱的幼儿家长想了解孩子能否和老师小朋友一起活动等。教师可以通过微信将日常活动中拍摄的照片、小视频以单独发送的形式反馈给家长，让家长了解孩子的实际情况。还可以根据活动需要建立不同的微信圈，让同组的家长不用见面就能共同讨论活动内容，合理分工做好相关准备。这不仅进一步提高了向家长展示活动的效率，扩大了向家长宣教的内容，更及时地了解了家长的困惑和关注点，使家园的教育能够有效对接。

如：在开展“孝心宝宝”评选活动时，家长在与孩子商量确定参加后，和孩子一起交流孩子的孝心行为，并撰写成推荐材料上传到微信中，家长和孩子一起分享评定，最后用点赞的形式投出自己支持的参选人。通过活动，不仅加深了孩子

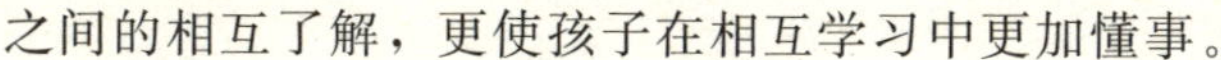
之间的相互了解，更使孩子在相互学习中更加懂事。

案例 23 我家的孝心宝宝

我有两个儿子，老大叫李一明，老二叫李梓明，所以在家我们都管他叫二明。二明是个独立的男孩儿，在家自己该做的事都是自己做，不用爸爸妈妈帮忙，生活特别有规律，早睡早起从来不赖床，穿衣、洗漱等日常琐事更是做的井井有条。

二明是个有爱心、懂得分享的孩子。记得有一次我接他放学回家，二明非常高兴地说："妈妈，我今天表现好，老师奖励我一块糖，回家给哥哥吃吧！"尽管还没到家，他就忍不住吃了，但我心里还是美滋滋的。

二明还是一个爱劳动的孩子，可能是跟哥哥学的缘故，有一次他竟然站在小椅子上帮我刷碗。尽管刷的并不如意，但他那颗爱劳动的心深深地打动了我。

总之，在我看来李梓明是孝心宝宝的不二人选。

——李梓明妈妈

（三）电子邮件

电子邮件注重的是私人间的信件交流，针对具体的交流个体，是一个点对点的传播方式。它满足了人们对信件传送的速度、容量、多媒体等形式的要求。

工作中教师和家长可以通过电子邮件交流有关幼儿发展情况和活动开展的相关信息。

如：在运动月期间，我们就家长和孩子以运动为主题一起商量制定运动活动计划，由于是孩子们自己制订的计划，他们参与的积极性非常高。很多孩子在幼儿园活动后还意犹未尽，在家和爸爸妈妈又进行了一次。孩子们的热情，让家长体会到了参与活动的价值以及活动本身对幼儿发展的促进作用。

案例 24 飞镖团体比赛策划书

策划人：大班　张一

活动意义：通过这个游戏让小朋友们认识到团体合作的重要性。

准备工作：

- 张一把家里的飞镖带到班中。

• 张一负责到中班借金牌。

• 张一提前准备好计分的表格，一个小组一张。

游戏规则：

• 首先，张一负责介绍比赛规则。

• 张一当裁判，负责说出每次投掷的分数，邀请另外一位同学当副裁判，负责监督裁判，并把分数记录在表格中。

• 小朋友分成4组进行团体比赛，可邀请老师参加比赛。

• 每个小朋友投掷3次，最后以小组为单位计算总分，总分第一的小组，每人获得一枚金牌（可邀请老师帮忙计算）。

• 总分不是第一的小组，每人奖励一块糖作为奖励。

• 裁判宣布获得第一的小组，颁发奖牌及奖品。

• 金牌第二天需要交回班里，张一收齐后还给中班。

网络沟通具有直观、实时的特点，但单方向的网络沟通只是让家长了解幼儿在园的情况，缺少了家长与教师的交流，有时一些文字的呈现还会引起家长的误会，因此要引导和鼓励家长参与多种形式的家园沟通。

六、短信沟通，换位思考的理解

短信具有方便快捷，承载的信息量大，不受网络限制的特点，能够满足家庭中每个成员的信息接收需求。

（一）公布活动通知

对于班级活动的开展情况、需要家长配合准备的材料，帮助幼儿丰富的前期经验、活动中家长的参与方式等需要家长提前了解的内容，教师都可以通过短信让家长做到心中有数。这种方式解决了父母工作忙无法参与，又不能及时和家中老人细致沟通的问题。

案例25　好消息

幼儿园为咱班准备了33张园博园门票，每个家庭可以领取3张，如果您有意愿到园博园参观，可以到我们这里领取，先到先得，发完为止。如果您领取了门票，请您带宝贝参观后，制作一个5分钟左右的小短片（PPT、Movie-maker均可）带到班中，和孩子们一起分享，内容以体现和谐家庭之美、快乐之

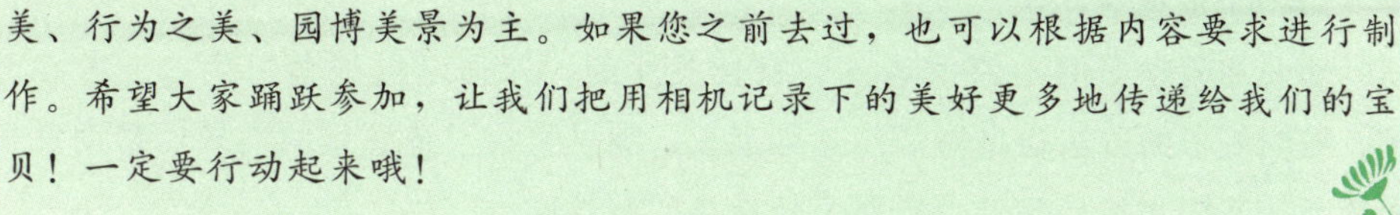

美、行为之美、园博美景为主。如果您之前去过，也可以根据内容要求进行制作。希望大家踊跃参加，让我们把用相机记录下的美好更多地传递给我们的宝贝！一定要行动起来哦！

案例 26 书香校园活动开始啦！

今天每个宝贝都从班里借了一本书回家，请您指导宝贝在两周内独立将书中的内容讲出来，只要会讲了，就可以把书还回来。随后我们会请宝贝给本班或其他班的小朋友讲，让宝贝在讲述自己熟悉内容的过程中，锻炼语言表达能力和自信心。同时，请大家在和宝贝一同阅读的过程中，指导宝贝爱护图书，请爸爸妈妈和宝贝们一起行动起来吧！

（二）发送温馨提示

由于天气变化，需要提示家长给孩子适当增减衣服、多喝水等；遇到雾霾天气，提示家长少开窗、减少户外活动，外出戴口罩等；遇到节假日，提示家长带孩子外出注意交通安全和饮食卫生等；遇到传染病高发期，提示家长不带幼儿到公共场合，勤洗手等，可以通过短信及时提示家长。

案例 27 温馨提示

家长，您好！

家长们非常重视幼儿口腔保健，为了让幼儿顺利地更换恒牙，家长们都想了解更多的口腔保健知识，帮助幼儿做好口腔保健，拥有健康洁白的牙齿。幼儿园特别邀请了善佳口腔医院的专科医生针对口腔保健为家长做专题讲座，欢迎您来参加。

在本次分享活动中，专科医生会从孩子牙齿生长发育的特点以及生长过程规律，给家长合理的护牙、爱牙建议，包括给幼儿购买牙具的注意事项、幼儿早晚漱口水的区别、睡前幼儿牙齿护理时间、换牙期饮食、龋齿的有效防护等专业详细的讲解。

讲座时间：2016 年 10 月 28 日(下周五)15：30—16：30

讲座地点：丰台一幼东大街园(二层音乐教室)

相信本次分享活动一定让您听有所获，听有所悟！

（三）介绍内容方法

幼儿在园学习的本领也是备受家长关注的，教师可以把学习内容、游戏方式、巩固练习的方法通过短信传达给家长，满足家长了解课程的需求，帮助家长和老师一起同步指导孩子，提高家长指导的有效性。

如：在体能测试前，教师提前通过短信向大家介绍投掷的指导方法，便于家长在家指导孩子练习。

案例 28　请您关注

本月底幼儿园将对孩子进行体能测试，目前咱们宝贝比较弱的项目是网球投掷，原因是孩子还未完全掌握正确的投掷方法。为了帮助孩子尽快掌握正确的投掷方法，在体能测试中取得好成绩，让孩子感受只要努力就会有收获的道理。请您在家时多鼓励孩子进行练习，并及时肯定孩子的点滴进步。

具体指导方法：两脚左右开立，左（右）脚在前，身体左（右）侧对投掷方向，右（左）臂肩上屈肘。然后右（左）腿蹬地、转体、挥臂，将网球经肩上向前上方远处掷出。

相信在我们和孩子的共同努力下，孩子们一定能取得好成绩。让我们和孩子们一起加油吧！

（四）活动反馈

每次活动不仅在开展前要让家长有所了解，活动后同样也要让家长了解活动的效果。只有自始至终完整展现活动的过程，才能让家长体会到活动的价值，获得家长的认可。

案例 29　新闻快报

结合“消防安全日”活动，今天我们进行了消防安全知识和紧急逃生方法的学习。通过活动，宝贝们了解了在房间内如何有效地躲避大火的伤害和如何快速地进行集体逃生。在活动后进行的逃生演习中，宝贝们不仅亲身体验了逃生时湿毛巾捂口鼻，弯腰低头走安全通道的方法，更感受到了在发生危险时听指挥和有序逃生的重要性。相信今天的活动不仅让宝贝们学习了安全知识，更提高了安全意识。

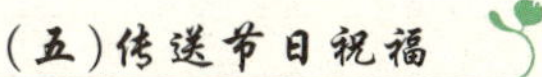

（五）传送节日祝福

短信也是发送节日祝福的好途径，当节日来临时，可通过短信送出教师对幼儿、对家长的祝福，表达教师的心意。

案例 30

时光的车轮又留下了一道深深的印痕，伴随着冬日里温暖的阳光，新的一年即将到来。是孩子让我们走到一起；是这份关爱之心，让我们的心紧紧相依，我们是一家人，我们共同生活在丰台一幼这个美好的大家庭里。在这里有默默奉献的老师们；在这里有活泼健康的孩子们；在这里还有可亲可敬的家长们；我们就是相亲相爱的一家人！感谢家长朋友的理解与支持，使幼儿园各项工作在和谐中发展，使幼儿园真正成为了孩子们生动活泼的乐园，探索求知的学园，充满亲情的家园，美丽优雅的花园。因为有了孩子的喜爱、家长的支持，才让我们每一位老师都倍感幸福。因此在感恩节来临之际，我要代表全体老师向可爱的孩子们与家长朋友们致敬！感谢你们陪伴老师一起成长。相信我们每一个人都愿做一棵参天红杉，精心滋养每一棵幼苗，让每一个孩子的童年都如花朵般七彩绽放！愿大家感恩节快乐！

（六）表彰好人好事

很多家长都对班级工作特别支持，无论是活动前的材料准备、活动中的拍照、指导、活动后的收拾整理都参与其中。可是，这些家长和他们所做的事情并不是所有家长都了解的。这时，教师可以通过短信把班级中的好人好事告诉大家，让大家相互了解和学习，促进和谐班集体的建设。

案例 31

开学初，蔡宝宝妈妈得知班级环境需要创设自然角时，立刻踊跃报名参加班级活动。在创设过程中她主动将家中的材料带到园中与我们分享，不遗余力地为创设孩子们喜欢的自然角动脑筋、想办法：用树枝装饰房子再用草坪给房子做了一层草坪地毯，利用丝带系成蝴蝶结装饰在花盆的边缘，巧用布头和药瓶等废旧制作出可爱的七彩植物盆栽。孩子们看到自然角后，都欣喜不已，每天区域活动时总是要来自然角，玩一玩、看一看！“哇，好漂亮的小房子呀！我也想住进去！”“这些植物真可爱，我们来给它起个名字吧！”真的很感谢她为班级做出的奉献！让自然角充满了欢声笑语，更让孩子们爱上了奇妙的自然世界！

七、环境沟通，潜移默化都是爱

（一）家长联系栏

家长联系栏是班级固定的宣传区域，家长在来园离园时都会关注，能够满足不同时间段来园的家长了解幼儿园情况。通过家长联系栏可以让家长了解教师情况，每月的教育目标，每周的活动安排，班级开展的主题活动以及育儿知识等。

案例 32 育儿知识——秋季常见病防治有对策

感冒：秋季常见疾病。记住不要服用过多的抗感冒药，更不要轻易用抗生素，因为 90%以上的感冒是病毒引起的，抗生素非但无效，反而有副作用及增加耐药细菌。治疗感冒较好的办法是多休息、多饮水，适当用些中药及冷毛巾外敷降温。

秋季腹泻：由轮状病毒引起，传染性强。在腹泻流行期间不要接触患儿，不带孩子到人群聚集的地方。患病后要注意补充水分及电解质，不要随意服用抗生素。

盗汗：秋季孩子容易出汗，要注意衣服随气温适当增减。衣服湿了要及时更换，以免受凉感冒。

这是一块宣传班级理念的展示板，也是彰显班级风格的宣传地。园长可根据家园栏内容更新的及时性可以看出教师对家园工作是否用心，从家园栏内容中家长的参与程度看出互动性，也可以从家园栏内容新颖性看出家长对此园地的关注。

案例 33

（二）幼儿园宣传栏

幼儿园宣传栏是幼儿园的一面镜子，能折射出幼儿园的教育理念、教师的精神风貌以及幼儿的发展情况。为了让幼儿园管理更加透明，让家长对幼儿园的方方面面都有所了解，可以利用宣传栏从多角度向家长展示园所情况。展示的内容可以包括园务公开、健康饮食、体育锻炼、节日活动等内容，用图文并茂的方式展示活动内容。

（三）幼儿作品展示栏

幼儿作品展示栏一般展示的是幼儿在园的艺术作品或与家长一同完成的美工作品。通过幼儿作品既能让家长了解幼儿园开展的艺术活动，又能了解幼儿的兴趣爱好和制作水平。同时，还能让家长体验到成就感，感受到幼儿园家园共育和环保教育的理念。

八、家访沟通，倾听家庭的故事

家访，是家庭访问的简称，是进行个别家庭教育指导的一种常用的有效方式，主要是解决儿童的个别教育问题。教师到幼儿家庭进行访问，一般是与家长沟通情况，了解幼儿，交流感情，密切关系，商讨共同教育幼儿的方式方法。这种指导方法比较灵活机动，便于进行，而且指导得比较具体，更具有针对性。

随着信息技术的迅猛发展，教师与家长沟通的方式越来越多样化，传统的家访变得越来越少。但是，次数的减少并不代表可以取消家访的形式。家访有其不可替代的优势，它能对幼儿进行更有针对性的个别指导，当遇到特殊事件时能达到更好的解决效果。所以，在需要家访的时候，教师一定要走近家长，与家长进行深入、细致的交流。

案例34 家访的意外收获

新转来的幼儿往往比其他孩子更难适应幼儿园的环境。有一次，我们班转来一个叫浩言的小朋友。他给我的印象特别深刻，因为第一天来园的他不哭不闹，甚至比班上任何一个小朋友都要守纪律表现好，离园的时候还拉着我的手不想回家，他的妈妈特别高兴。可是好景不长，第二天，由于他到活动时间才来，在二楼的我们老远就听到他在一楼撕心裂肺的哭喊声，这下可把他妈妈急坏了，我赶紧去接他，尝试了很多方法，并不奏效，最后还是跟他妈妈一起把他领进班里。眼看妈妈上班就要迟到了，可他依旧不让妈妈走。为了安抚他的情绪，我请了几个小朋友跟他一起玩游戏，然后把妈妈叫到一边，跟妈妈了解了一下情况，并想出了一些办法对策，打算第二天再尝试。同第一天一样，这一天走后，孩子依旧特别开心，抱着我不撒手，能看出来妈妈心里宽慰很多。可第三天来园时孩子依旧哭得很厉害，妈妈着急了，质问我为什么给她出的招不管用。我耐心地跟妈妈解释了一遍，让妈妈安心上班，在游戏时给浩言多照了几张开心的照片，午休时传给妈妈，并建议班中老师一起做一次家访，让我们更加了解一下小浩言，让他更好地融入这个班级。

经过跟妈妈协商，放学后我们一起到小浩言家做客，我们发现他很会待客，并把最喜欢的图书、玩具介绍给我们，还给我们讲了他的相册故事。妈妈也向我们介绍了她的育儿方法和理念，我们也与她交流了育儿经验。

通过家访我了解到小浩言喜欢恐龙，我特意多找了几本恐龙的书放在图书角。第二天小浩言高高兴兴地来到幼儿园，还悄悄告诉我他已经把我当作好朋友了！

家访不仅让我们了解了孩子的性格特点、喜好，了解了家长的育儿经验，还让我们可以更有针对性地帮助幼儿发展，成为幼儿和家长的朋友！真可谓一举多得！

为了保证交流的有效性，为成功家访奠定基础，家访前要做好家访计划，明确谈话思路和谈话重点。家访时要注意掌握好交流的时间，要知道并不是时间越长越好，因为交流的过程中需要一方倾诉、一方倾听，双方都需要精力集中，所以超过一定的限度就会出现低效交流甚至疲劳交流的问题。一般家访的时间以40分钟左右为宜。同时，在家访的交流过程中教师表达一定要有条理，既不能一味顺着家长的思维走，也不能强硬地扭转家长的想法。要态度诚恳，言之有序、言之有理、言之有据、言之有情，自然引发家长对交流的重视和对教师的尊重。

第四章 资源互补 牵手合作

——园长指导教师整合家长资源

无论是家园互动、还是家园合作共育，其目的都是为了整合并充分利用家庭中的幼教资源，更好地促进幼儿园教育工作。《纲要》中指出“家长不仅是幼儿教育的重要资源，更是幼儿园教育的重要合作伙伴。只有家长有效地参与幼儿教育，才能使幼儿真正健康成长”。

随着时代的发展，“家长”这一称谓已从之前狭义的只指父母，扩展为现在广义的与幼儿有亲密关系的爷爷奶奶、姥姥姥爷、叔叔阿姨等亲属真可谓年龄层丰富，行业多样，是幼儿园丰厚而宝贵的教育资源。家长资源的多样性既填补了幼儿园教育中某种资源的空缺，又丰富拓展了幼儿园的教育内容，是越来越受幼儿园重视的“活资源”。

第一节 利用家长资源的原则

导入 消防员叔叔来了

今天的幼儿园热闹极了！院子里停的两辆消防车吸引了孩子们的注意，孩子们正围在一起七嘴八舌地议论着。原来这是中班组织的一次主题活动——“消防车”。中班老师把消防战士请到了幼儿园，通过消防叔叔讲解消防知识、小朋友观察消防车、小朋友亲自登上消防车体验、小朋友实践体验等环节，让孩子们更好地理解这一主题。看，消防员们正在给中班小朋友介绍消防知识呢！一位消防战士首先向小朋友介绍了消防车的构造，当讲到云梯时，他向孩子们现场演示了云梯的起落过程，孩子们看得欢呼雀跃，那个兴奋劲儿是老师们用图片或是电子白板演示都不可能达到的。在观察消防员叔叔衣着的活动中，有几个小朋友偷偷地笑起来。活动过程中，笑声、议论声混成一片，孩子们乱成一团。消防战士不知所措，着急地说："有什么好笑的?"顺着孩子们的眼神和手势，老师发现原来孩子们在议论消防员叔叔的脏鞋。于是，老师顺着孩子的话题，请孩子们思考"为什么叔叔的鞋子那么脏呢"。孩子们议论纷纷，有的说是消防员叔叔不讲卫生，有的说叔叔没来得及刷干净。在孩子们表达了自己的想法后，老师告诉孩子们，因为叔叔刚刚从救火现场赶到幼儿园，没来得及整理和休息，就来给小朋友们讲课了。听到这，小朋友都安静下来，专注地看着消防员叔叔，眼中充满了敬佩之情。

邀请社会团体中的人士走进幼儿园开展活动，已成为当前幼儿园的常态课程。走进幼儿园的不仅有消防战士，还有医生、银行职员、邮局工作人员、环卫工人、科研人员等。通过与各行各业的工作人员面对面地交流，孩子们更加清楚地了解了身边的不同职业，感受到每个人的社会价值，懂得要尊重每个人的劳动。社会中各行各业的人在走进幼儿园的同时，也走进了孩子们的心灵。社会实践活动让各行各业的人们体验了教师的职业，丰富了孩子们的实践经验，还密切了社会与幼儿园的关系，成为幼儿园与社会联系的纽带。幼儿园和班级教师要怎样通过多种形式开发家长资源、调动家长力量，把家长资源转化成幼儿的活动资源呢？在充分利用家长资源时我们需要遵循什么原则呢？

一、机会均等原则

幼儿园家长人数众多，层次多样，知识层次、生活背景等都各不相同。但园长应该引导教师用平等的眼光去看待每一位家长和每一名幼儿。用人人都是教育者的理念来开展家长工作。欣赏每位家长，相信每位家长的才能，在家长资源利用中给予每个家庭、每位家长均等的机会，让家长根据自己的优势、才能自愿自主参与幼儿园教育活动，为幼儿的发展贡献力量。

二、双主体原则

沟通是建立在对人的尊重之上的，在幼儿园家长工作的开展过程中，教师要认识到家长是合作者，是教育伙伴，充分尊重家长的价值观及其隐私，保持平等、合作关系，积极寻求交流合作的机会，创造各种途径主动与家长沟通。在幼儿教育中，教师与家长是处于双主体地位，让家长真切感受到教师是在以心相对，在教师尊重家长的基础上，才可能得到家长的赞许和尊重，使得家长工作能更好开展。

案例1 瓶盖背后的故事

"今天老师又让找瓶盖，也不知道要干啥，总是要这要那，真烦人！""我们班的老师也让我们给孩子带照片呢，幼儿园怎么这么多事。"我在幼儿园大门口无意中听到两位家长的对话。教师希望能够多收集一些材料，让孩子在幼儿园的游戏更丰富、更充实，可是怎么才能让家长理解教师的做法呢？

如果家长明白这些都是为了孩子的发展，他们肯定非常愿意完成老师布置的这些"任务"。而大多数家长因为不知道这些材料都用来做什么，对孩子的发展有什么价值，所以他们总觉得是老师为了图自己省事而给家长找麻烦，所以才出于无奈被动地配合。于是，我们决定利用家长开放日，请家长来幼儿园一起参加活动，亲眼看一看自己收集的废旧材料对儿童发展的价值。

在区域活动中，家长看到孩子们用废旧的瓶瓶罐罐制作了科学区的玩具，感受磁铁的磁性、水的浮力、物体的重量……孩子们乐此不疲地玩着、讨论着，时不时地念叨着"为什么乒乓球会在水面上浮着？为什么积木块会沉入水底？"孩子们好奇地探索，站在旁边的家长也频频点头。在户外活动中，教师用废旧饮料瓶制成的响瓶飞碟，激发了幼儿游戏的兴趣，家长们也跃跃欲试。顿时，操场上欢声笑语，家长与孩子一起探索一物多玩，孩子们也争着试验自己的玩法。活动后，家长说："没想到这些不起眼的玩具，比那些花了很多钱买的玩具更好玩！"通过这次家长开放日的活动，家长也明白了为什么幼儿园总是让他们带一些废旧的瓶瓶罐罐来园。原来，用这些废旧物品做成的玩具，更能激发孩子的探索欲望，有助于孩子的成长。

后来，一位大班的家长为了帮老师收集瓶盖，动员全家把家里的废旧物品拿到收购站，无偿给了收废品的人，换回满满一口袋的瓶盖。还有很多的家长，虽然自己的孩子已经毕业，但他们至今还保留着收集废旧物品的习惯，只要有机会就给幼儿园送来。

家长的理解和支持是做好幼儿园工作的重要保障。积极的沟通和交流让家长逐渐消除了误解，小小瓶盖的背后是家长观念和认识的转变，这让家长资源真正成为幼儿园最丰富的教育资源。

三、幼儿为本原则

幼儿园的大门是敞开的，它需要社会各界人士及单位的帮助。幼儿园的各项工作都离不开社会的支持。交通、供暖、治安等工作都与幼儿园正常工作息息相关。正是各界人士及单位的共同工作和努力，给孩子们提供了安全、温暖、快乐的环境。除此之外，社会还为孩子们提供了很多学习的机会。我们在利用家长、社区资源时要把握好一个原则——以幼儿发展为本，无论什么样的活动只要对幼儿发展有益我们就可以组织开展，但在开展中要把握幼儿发展为本的原则，最大限度促进幼儿发展。

案例 2　让典礼成为孩子的节日

每年的开学典礼基本上都是按照一个固定的模式安排，第一项升旗仪式，第二项园长讲话，第三项小朋友讲话，然后活动结束。大家似乎已经习惯了这种模式化的开学典礼，参与的热情度并不高。静下心来思考“开学典礼的目的是什么呢”，我们要求教师们的活动要创新，日常工作要创新，可是我们管理人员的创新在哪里？我们能不能把开学典礼当成幼儿园的课程看待，也不断地加以创新呢？

利用教研的时间，我与教师们一起讨论这件事情。教师们也和我的想法一样，觉得学典礼本来应该是孩子们的节日，结果却成了一种表演。孩子们辛苦排练，教师忙着准备道具，把孩子游戏的时间都挤占了。为此，我们首先请各个班的教师围绕“开学典礼”开展一个小型的主题活动。通过这个活动，让孩子们充分表达自己的观点，说一说自己喜欢的开学典礼是什么样子的。接下来，我们请各班的教师设计开学典礼活动的部分环节，这样既是对孩子观点的尊重，也是对教师智慧的认可。

今年的开学典礼跟往年很不一样。第一项，请武警叔叔升国旗，让孩子们感受升旗仪式的神圣，潜移默化地培养幼儿热爱祖国的情感。第二项，解放军叔叔表演军体拳，教育幼儿要乐于锻炼身体，参加健康的体育运动。第三项，爸爸妈妈、爷爷奶奶表演节目，让孩子们感受到家人的支持与理解，调动孩子们在园学习的愿望和热情。第四项，孩子们表演节目。孩子们的节目可谓丰富多彩：大班的哥哥姐姐表演歌曲、童话剧、诗歌等，培养了大班孩子的自主和自信；小班宝宝表演拍皮球、念儿歌等，让小班的宝宝们体会到在园学习的成就感，对幼儿园的生活产生向往。

这次开学典礼中孩子们和家长们都成为主角，他们一起笑着、唱着、跳着，被相互的快乐感染着。之后，遇到幼儿园的各种典礼，如“六一”庆典、国庆典礼、毕业典礼等，我们都会充分发挥教师和孩子们的创意，把它变成有益的教育活动。与其说这是一次次典礼，还不如说这是一个个节日，真正属于孩子们自己的节日。

案例3 社区玩教具制作大赛

家园合作是每个幼儿园都会面临的问题。很多时候，家长迫于幼儿园的压力，不得不按照幼儿园的要求做，但是家长对幼儿园的工作并不了解、也不重视，有些家长应付了事，有些家长则牢骚满腹，觉得幼儿园找麻烦。这些都是因为在家园合作中，家长总是扮演被动的角色，于是我想找些办法，改善这种状况。

幼儿园所在的小区里搬迁的农民比较多，有很多年纪稍大一些的妇女闲在家，平时也无事可做，现在从农家小院搬迁到楼上还有很多的不适应，闲来无事时大家聚在一起，东家长李家短，一天天就这样过去了。我想，幼儿园的教师平时忙着教学，还要忙着做教具，压得老师们都喘不过气来，为什么不把这些人利用上呢？

于是，我在幼儿园组织了一次玩教具制作大赛。开始的时候，我先组织教师们开展一次玩教具制作大赛，然后通过家长会向家长介绍用家长们从家里带来的废旧材料制作出的各种玩教具，详细说明是怎么做的，怎么玩的，并让家长们参观孩子们玩这些玩具时的欢快场面。当家长们看到自己拿来的这些废旧材料还有这么大的用处时，也来了兴致，主动尝试着做一些小玩意拿到幼儿园。我看时机成熟了，就组织了一次社区玩教具制作大赛，请大家把自己利用废旧物品制作的玩教具拿来参加评比。这次活动后，社区里的居民们不再像以前那样，聚在一起东拉西扯，而是聚在一起给孩子们做玩具，制作过程中还互相学习、互相交流。记得有一位大妈，她以前天天都在小区门口卖自己钩织的小物件，但是自从我们开展了玩教具制作大赛之后，她就经常免费送给我们一些钩编的玩教具，再也不卖了。我很好奇地问她为什么，她说："我卖这些东西，就是给自己找个事情做，现在我找到事干了，给孩子们钩织小玩具。"看着这位大妈满足的笑容，我的心里也乐开了花。后来，我们每年都举行一次社区玩教具制作大赛，还将优胜者聘为我园的玩教具制作顾问。

家长和幼儿园就像是一条河的两岸，之间有一座天然的桥梁，那就是孩子。在做家长工作的时候，我们一定要认识到，家长和我们是平等的，家长和我们担负着同样的责任，和我们一样爱孩子。只要想办法让家长理解我们的工作，家长就会成为无限的教育资源。

由此可见，以幼儿为本，从孩子的角度宣传和开展活动不仅能够调动家长和社会各界人士的积极性，还能够潜移默化地转变家长和社会人士对参与幼儿园活动的认识。

四、家园双促进原则

利用家长资源可以丰富幼儿的活动，帮助幼儿积累更多的生活及社会经验。同时通过利用家长资源的过程也能优化家长教育理念的转变和促进家长教育能力的成长，达到家庭与幼儿园同步，共同促进幼儿的发展。

案例 4 家长态度的转变

“老师让咱去幼儿园做东西，怎么着也得请半天假吧！”“是啊，这一上幼儿园事真不少！”接园后家长的谈话让我听到了家长对幼儿园活动的不了解和不理解。为了幼儿更好的发展，班中教师经常组织家长到幼儿园参与一些活动，这个过程是家长与教师一起了解幼儿、研究幼儿、为幼儿发展服务的过程。可是家长真的理解吗？家长会不会把老师组织的活动单纯地理解为为幼儿园干活，给老师帮忙？我想这种想法一定存在。为了能更好地利用家长资源开展各种活动，我们组织老师们进行讨论：如何让家长了解“家长进园”活动的目的，在活动计划、动员、组织实施、后续工作中应该注意什么？通过大家的讨论老师们对过程中的一些细节有了新的认识。体会到有时一句话说的角度不对都可能引起家长的误解，有时活动后的延伸活动组织不好也会造成家长的不认可……看来要想利用好家长资源必须要多下一些功夫。

5 月的家园携手活动开始了，这一次是请家长到幼儿园和老师们一起来为孩子们制作户外体育玩具。首先老师请家长一起来探讨班级孩子运动的现状，孩子们在运动中存在的问题，可以用什么玩具材料帮助孩子们提高运动技能。大家探讨了很长时间，并积极表达自己的想法，通过分析自己家孩子的运动情况不仅总结出了班中小朋友总的运动情况，还设计出了有针对性的玩具材料。

在之后的制作中，大家还结合老师提出的运动目标不断调整制作方案。

这次家长的入园帮忙改变了他们来前的一些想法和看法，和老师们一起研究幼儿的同时对自己的孩子有了更多的了解。家长们觉得似乎自己也成了老师，能为孩子们的发展做点事情真开心。

家长不是专业的教育者，也不可能时时参与到幼儿园的活动中，因此对幼儿园的某些做法不理解很正常。所以，每一次的家长参与活动就是一次改变家长观念的契机，作为园长要帮助教师把握方向，使教师通过每一次家长资源利用活动提升家长的认识与育儿理念，让幼儿和家长都得到发展。

第二节　牵手家长的智慧

日本教育家大宫永雄曾说：作为“自己孩子的专家”的家长与作为“能看到儿童总体情况的专家”的教师团结在一起的时候，高质量的幼儿园教育才会产生。在幼儿园中，家长参与幼儿园教育往往是被动的，教师往往只对家长提要求，缺少理念上的引领和方法上的指导，只有我们幼儿园牵手家长的时候充满智慧，那么家长才会和老师一起为了共同的目标同舟共济。

一、智慧入园“四个一”

家庭谈话是入园前教师和家长沟通的第一件事情，那么在家庭谈话的时候需要关注哪些，才会让入园前的工作到位呢？

（一）智慧一：暖心恳谈

首先是亲切交谈。教师用温暖的话语与家长唠家常，从而了解幼儿生长的环境是否温暖、和谐、自主。现在家庭物质条件普遍得到了改善，但是家庭环境却越来越不稳定，父母离异、父母再婚、父母长期出差等都是造成家庭环境不稳定的因素，家庭的不稳定性无疑会给幼儿心理造成消极影响。针对这些特殊家庭的幼儿，教师应在生活中有策略地给予特殊关爱，注意积极带动和正面引导。

其次是洗耳恭听。在沟通中，一定要认真倾听，这样才能不放过每一个细节，从中初步了解家长的教育观念和教养方式，帮助教师掌握家长教养方式中的优势与不足。由于家长的性格和观念对幼儿影响较大，因此需要在交流的细节抓住每一个要点，从中了解家长的职业特点及性格特点，从而找到家长教育观念中容易出现的误区，并找到与家长沟通的有效方式，有助于今后的家长工作的顺利开展。

第三是有效互动，与家长沟通中，观察家长的互动态度。幼儿教育不是幼儿园的单向任务，更需要家园合力，才能达到终极目标。但是，现在也不乏有家长认为幼儿教育是幼儿园职责，自己只负责生活琐事。所以在与家长沟通中，要了解家长对于幼儿园各项活动的态度，对幼儿园活动抱有积极态度的家长，教师应及时鼓励和肯定。对抱有消极态度的家长，教师应该进行深入沟通，更新家长的教育观念，让家长了解家庭参与活动的重要性。

最后是重点问询。现在家庭不科学的教养方式，导致很多幼儿都有了不良的行为习惯、轻微自闭症、感统失调等问题，所以在家庭谈话时，教师应该对某些问题进行重点问询，了解幼儿的性格特点、生活方式和综合发育水平，从而初步了解幼儿的生活自理能力，心理发展水平，智力发展水平。从而在入园后的生活教育中有目的地进一步关注和引导，教师及时肯定幼儿的能力和发展，并用小案例提示家长幼儿的成长空间及发展水平，让家长能够客观认识自己孩子的发展水平，进而积极地配合老师用科学的教育观念指导孩子快乐成长。

（二）智慧二：问卷调查

问卷调查是一种收集资料的简单方法，我们在问卷中提出想要了解的问题，通常的内容主要从家长、幼儿出发，了解家长对幼儿园整体情况及教育理念的认知情况、了解孩子的基本情况、了解家长对幼儿的教育理念及教育策略，同时教师应该本着服务的态度，以服务家长为目的，对家长进行困难、需求的了解。通过问卷能够收集大量的信息资料，也便于归类整理和统计，调查结果具有一定的代表性。

家长调查问卷

幼儿姓名　　　　　　　　家长姓名　　　　　　　　填表日期

家长您好：

为了孩子入园后，老师能够了解孩子的情况，针对幼儿的个性特点进行教育；了解家长的教育思想和理念，从而更好地开展家园配合，让孩子们健康快乐地成长，请您认真回答每一个问题。

选择题：请选择您认为正确的答案(可多选)。

1. 您选择幼儿园时更关注哪方面?

A. 环境美

B. 老师好

C. 教育管理适合幼儿发展

D. 注重习惯与能力培养

2. 孩子入园后，被同伴咬伤或抓伤，您怎么办?

A. 向老师了解情况，和老师一起分析原因，想出处理方法。

B. 非常生气，并告诉自己的孩子你也打他。

C. 非常生气地指责和训斥对方的孩子。

3. 孩子跑步摔倒了趴在地上，大哭不止时您会怎么办?

A. 赶紧跑过去抱起孩子并安慰。

B. 让孩子自己爬起来，并鼓励孩子真勇敢。

C. 指责地面不平整，让孩子受伤了。

4. 孩子入园后爱生病，您怎么看?

A. 认为老师没有照顾好孩子。

B. 和老师一起找原因，家园配合照顾好孩子。

C. 借此不让孩子来幼儿园，让幼儿在家长期休息。

D. 孩子刚入园不适应，慢慢会好的。

5. 您的家人和孩子有合理的作息时间吗?

A. 孩子能够早睡早起，按时睡眠。

B. 家人睡觉时间无规律，孩子和成人一样。

C. 晚睡晚起，生活环境复杂。

D. 孩子偶有赖床及晚睡情况。

6. 您和孩子在一起时，都做些什么?

A. 户外活动游戏。

B. 亲子阅读。

C. 带孩子到大自然中玩耍。

D. 参加聚会活动。

E. 带孩子与同伴一起玩。

7. 幼儿园组织亲子活动，您愿意参与吗?

A. 愿意参加。

B. 工作忙不能参加。

C. 不愿意参与，这是幼儿园的事情。

8. 您有良好的生活及礼仪习惯吗?

A. 开家长会等会议时，主动把手机调到静音状态。

B. 接送幼儿时衣帽整齐，不穿拖鞋进园。

C. 大小便后能够冲厕，将卫生纸扔在纸篓内。

D. 每天为孩子洗澡、更换衣服。

E. 来、离园时引导幼儿主动问好，说再见。

9. 您愿意与幼儿园一起配合，为孩子创设“人和园美”的环境吗？

A. 接送孩子时家长较多，能自觉排队，给孩子做出榜样。

B. 在公共场所不大声喧哗，不讲脏话。

C. 在幼儿园内不吸烟，不乱扔杂物，不随地吐痰。

D. 每月按时为幼儿交托补费。

10. 您每个月为幼儿教育投入多少经费？

A. 1000 元以下　　B. 1000～2000 元

C. 2000～3000 元　　D. 3000 元以上

11. 每天与幼儿共同读书或游戏有多长时间？

A. 10 分钟　　B. 20 分钟　　C. 30 分钟　　D. 30 分钟以上

12. 幼儿园在开展各项活动时，您愿意当志愿者参与支持吗？

A. 非常愿意。

B. 发挥特长，尽力支持和帮助。

C. 幼儿园的事情，与己无关。

13. 幼儿园组织亲子活动时，您能主动帮助孩子搬椅子、布置会场吗？

A. 愿意帮忙

B. 不能

问答题：

1. 每天晚上接园时都会有家长不按幼儿园要求排队按顺序接孩子，对这种情况您怎么看？您是否会排好队伍接孩子？

2. 两个孩子在一起玩时发生矛盾打起架来，作为家长您在旁边，会怎么办？如果自己的孩子被打了，您会怎么办？

3. 孩子晚上接回家，看到家中桌上摆放的晚餐，对父母说在幼儿园没有吃饱，又吃了很多食物。之后，每天回家都在家中吃晚饭，您怎样处理这个问题？

（三）智慧三：文字答卷

现代社会，家长越来越重视孩子的教育，成功与否，取决于家长的文化水平、心理素质、价值判断和个人修养。所以说孩子是家长的影子，它映射的是家长的一言一行、一思一为，所以在入园前，对家长进行文字答卷，可以了解父母性格特点、家庭文化结构，家庭教育环境等因素，可为教师提供多方面的参考。文字答卷关注以下几点。

1. 家长的文化水平
2. 家长的心理素质
3. 家长的价值观念
4. 家长的个人修养
5. 家长的心态性格

(四)智慧四：亲子课程

幼儿在入园前，因为不熟悉幼儿园的教师、环境、课程等，家长对幼儿园抱有怀疑的态度，所以在幼儿入园前，开展亲子课程，可以帮助家长了解幼儿园的课程模式及教育观念。在整个课程中，家长可以直观地看到：教师的教态、教师的随机教育，教师的个人素养及人格魅力，真切地感受到教师的专业能力。课程中，家长可以与幼儿一起参与课程，感受幼儿园活动的游戏性和趣味性，极大地缓解家长入园前的焦虑。

入园前的亲子活动，对幼儿的帮助也很大。它可以帮助幼儿亲身感受教师的爱、真诚和智慧，了解和喜欢幼儿园的生活、环境和伙伴，能较好地适应幼儿园生活。因为孩子对家长的依赖性较大，所以在体验课程中，因为有了家长的陪伴，孩子能较快摆脱分离焦虑的情绪。在交往的过程中，也能更快地熟悉班中同伴，转移幼儿的情感焦虑。

同时，一节亲子课也有助于提高教师的专业素养和个人能力，因为亲子课所需要面对的人群不仅仅是幼儿，也有家长，所以对教师的心理素质培养和专业技能提升是一个重要的过程。

案例5 宝宝课堂入园体验教案

活动名称：我的朋友在哪里

活动目标：

1. 引导幼儿主动、大胆地与小朋友做游戏。
2. 能够跟随老师的指令，边唱边做动作。

活动准备：彩虹伞、球若干。

活动过程：

音乐游戏：我的朋友在哪里		
环节	对家长的指导	对幼儿的指导
我的朋友在哪里	1. 所有幼儿席地而坐，教师示范，并带领幼儿边拍手边唱儿歌。 2. 所有幼儿起立，小手拍，小脚边跳边往前走，同时唱儿歌。 3. 老师是火车头，幼儿排成一队，抓住前面小朋友的衣服边唱边走，当唱到“在这里，在这里，我的朋友在这里”时，小朋友找到爸爸妈妈，并和爸爸妈妈拉手转圈。	一二三四五六七，我的朋友在哪里，在哪里，在哪里，我的朋友在哪里？一二三四五六七，我的朋友在这里，在这里，在这里，我的朋友在这里。

二、亲密园中“三个互”

（一）互助一：亲子餐

孩子们在幼儿园的伙食营养问题，是家长们最关注的问题之一，为了让家长们能够放心幼儿在园的营养配餐，幼儿园开展了亲子餐活动。亲子餐的活动不仅能让家长了解幼儿在园生活，更能亲自品尝到幼儿园美食，陪伴幼儿，增进感情，以美食忆童年，感受最香的童年时光，亲子餐的活动拉近了家长与幼儿园的距离，更多了一份信任与敬佩。幼儿园以色香味俱全的健康美食吸引着家长，家长以真实的美好体验赞美着幼儿园。

案例6 亲子餐：烘焙饼干

家长是幼儿园老师的合作伙伴，因此，积极有效地开展家长助教活动，能够促进家园联系，为家长和老师搭建一个互动交流、互相学习的平台，更好地促进了幼儿的发展。这次我和大一班的小朋友一起参加了一节生动的烘焙活动。

准备的材料有：黄油、面粉、鸡蛋等。使用的工具有：小勺、烤箱、打蛋器、油纸等。这些东西平时小朋友和我都不常常接触和了解，所以于珍懿妈妈自我介绍时，小朋友们听得津津有味，也包括我。一直以来是丰台一幼幼儿园，它秉承了“在生活中学习，在动手中探索”的教育理念。尤其针对大班幼儿。这学期，大一班的老师们尝试让家长也走进生活课堂，充分利用家长资源，让妈妈的参与创设了轻松的家庭氛围。幼儿在活动中不仅锻炼了动手能力，而且在生活中学会交流、分享和礼仪，对孩子和家长来说都是互相学习的机会。今后，希望幼儿园开展更多家长课堂的活动，让孩子们的课堂“活”起来。平时我太忙于工作了，没时间陪陪孩子，谢谢老师给我这样的机会能和这么多孩子们一起互动，原来学校里有那么多有趣的活动，我真是太少关注了。这次的饼干制作活动，让家长走进课堂，既丰富了课堂内容，又拓宽了教育资源。

最后大家一起分享自己动手做的香喷喷的饼干，妈妈和老师还为每个小朋友都准备了一个小礼物袋，把烤好的饼干亲手装进了礼物袋里，有的小朋友还把礼物带回家，和家人一同分享！这次的家长助教活动带给孩子一次不同寻常的体验，也给他们的幼儿园生活添上了靓丽的一笔。

（二）互助二：赞美会

互助赞美，顾名思义，也就是相互提携、扶持、鼓励，称赞、赞美。在家园关系中为什么需要互助赞美呢？著名教育家陈鹤琴先生说过：“幼儿园教育是一种复杂的事情，不是家庭一方面可以单独胜任的，也不是幼儿园一方面能单独胜任的，必定要两方面共同使用才能得到充分的功效。”随着社会的快速发展，幼儿教育越来越多地被家长、园所以及社会所重视。家园共育的案例在幼儿园中比比皆是。例如：顺八园的乐乐妈妈是一名资深的奥尔夫音乐教师，刚入园时，班中老师就发现乐乐对音乐节拍的把控和乐感远强于同龄小朋友。经过了解，乐乐妈妈很乐意将自己的经验与老师们分享，并在园内开设了教师和孩子的快乐奥尔夫音乐角。年末联欢，音乐律动表演成为节目中的“黑马”，得到了家长和孩子们的喜爱。

其实，教育就应该是家园携手，传递科学的教育理念，让人人都是教育者落在实处。我们不仅关心孩子的教育，更关爱孩子的成长。2010 年，由于一部电影的放映，黑色素瘤一时成为社会关注的焦点和热点。东大街园的程就妈妈，就在当年不幸检查出得了这一绝症。老师把程就的家庭情况反映到了园里，一次爱心捐款就在园所的师生间发起了。一笔笔善款解决了程就妈妈的燃眉之急，也在幼儿心中多了一份对生命的热爱和尊重。

目前，幼儿园已经开展了更新颖的家园活动，如走进秋天，寻找秋色之美；春天赏花，拥抱自然；玩具总动员，发现汽车博物馆的秘密等。家园互助赞美会的举办，重在体现家园相互扶持，教学相长、和谐共生的教育模式，表彰为家园共育做出突出贡献的家长和老师。希望以此活动，倡导更多的家长了解幼儿园、走进家园共育，让我们的孩子成为受益者。

（三）互助三：邀约会

父母是幼儿最亲近的人，但是因为工作的原因，经常难以抽身，而且陪伴幼儿的时间很有限。亲眼看看孩子们在幼儿园生活的场景，便成为每一位家长最期盼的事情。教师在工作中需要家长配合时，家长都会竭尽全力帮助教师。因此，作为教师，在工作中应该多倾听家长的需求、渴望与困难。幼儿园为了能够满足家长的需求，会定期开展邀约会，邀请家长来到幼儿园，了解幼儿园和孩子，与教师沟通幼儿近期的情况、了解幼儿的发展和不足，更新教育方法，有效配合教师，共同促进幼儿的成长。

案例 7 重走青春路——亲子系列活动

班级群中，当我跟我的家长大朋友们反馈孩子们本日所学活动时，月末儿妈妈的请求，映入了我的眼帘“羊羊老师，给我们一个家长体验日吧！我们太想和孩子们在幼儿园里待一天了”。看到妈妈的渴望，我心里有些小感触，怎么才能满足大朋友们的需求呢？都说孩子的教育需要家庭的帮助，在生活中，我的大朋友也一直在支持我们的工作。现在妈妈提出了这样的请求，我一定要满足他们。毕竟这是孩子们在幼儿园的最后一年了，不辜负这美好的一年才好。于是我及时给妈妈回了微信“我们非常欢迎，明天和孩子们商量一下，然后再做决定”。

A(教师)：宝贝们，我想问你们个问题，你们希望爸爸妈妈来到幼儿园陪你玩一会吗？为什么？

B(幼儿)：愿意愿意，我特别想要爸爸妈妈和我一起来幼儿园玩大滑梯！

C(幼儿)：我特别希望妈妈来看我吃饭，因为我吃饭能超过好几个小朋友了！

D(幼儿)：我也希望妈妈来，可是妈妈没有时间，我能让姥姥来吗？

看着我的小朋友和我的大朋友渴望的心声，我们最后决定将每周五定为爸爸妈妈重走青春路的主题活动日。当我把这个消息告诉我的大朋友时，班级群中立马得到了回应“我报名”“我报名18号”“我能提前预约12月的吗”一会的工夫，11月的名额就全被预定了。看着爸爸妈妈在群里的反应，我也觉得很开心，尽我所能满足我的大朋友，小朋友，大家都开心。

活动当天，当大班孩子和弟弟妹妹“斗舞”时，月末儿妈妈如约而至，看到孩子们扭动的身体，也不由自主地扭动起来，不禁感叹“孩子们的幼儿园生活太丰富了”。

户外活动开始了，月末儿妈妈也开始转换新的角色，摄像大师、和孩子们一起游戏的大朋友。整个户外活动中，操场上充满了大家的欢声笑语。虽然此次活动大朋友的数量有限，但是打破了传统，操场上增加了“新鲜血液”，也拉近了大朋友与教师之间的距离。

作为老师，我们也很感谢月末儿妈妈的到来，可以替我们捕捉孩子们欢乐的瞬间，这弥补了我们老师为照顾孩子安全而无法拍摄照片的遗憾。同时月末儿妈妈在班中的实时转播，也让孩子们在幼儿园的生活更加透明与“接地气”，也满足了更多妈妈想要了解孩子们在幼儿园生活的“小私心”。

有的时候，老师会觉得家长工作是一件很棘手的事情，总是想没有办法让家长大朋友从心里理解我们，支持我们。那作为一个年轻的“90后”的小教师，可以给您提个好方法，那就是多问问你的大朋友需要什么？帮助解决他们渴望的事情，那么你们就会更加亲密无间。希望爸爸妈妈走进幼儿园重走青春路的活动可以一直顺利开展！

三、依依离园“两个会”

（一）感恩会

自古以来，感恩就是中华民族的传统美德，更是衡量一个人品德的重要尺度。现在的幼儿因为生活富足，无忧无虑，把一切都当作应得的，不理解感恩为何物，所以在生活中对幼儿进行感恩教育，让幼儿在生动的感恩活动中得到熏陶，亲身感受和体验感恩的快乐，明白感恩的价值，懂得感恩的幸福，养成良好的品德，形成健全的人格。

案例 8

活动名称：我们的感恩节

活动目标：

1. 增强感恩意识，善于发现别人的优点。
2. 能够用恰当的方法表达出自己的感谢。
3. 了解要感谢的人、事、物，感受成长的快乐。

活动准备：

1. 欣赏歌曲《感谢》。
2. 幼儿创作绘画作品《我的家》。
3. 场地布置。
4. 邀请幼儿的家长参加活动。
5. 播放录制完成的“我感谢的人”的视频。

活动过程：

一、开场语

教师表达对幼儿园、家长、小朋友的感谢。

二、视频共享

1. 播放幼儿视频，大家共同欣赏。
2. 采访家长，分享观看录制小片后的感受。
3. 幼儿与家长互动，给予幼儿鼓励。

三、表达心意

1. 请幼儿表达自己在感恩节想对爸爸妈妈说的话。
2. 幼儿准备好自己的礼物。

3. 拿起自己的礼物“全家福”送给爸爸妈妈，鼓励幼儿送上一句温暖贴心的话。

四、舞蹈表演

1. 请家长与幼儿分别站到各自的场地。

2. 教师播放音乐，幼儿做准备。

3. 幼儿进行表演，家长在两旁欣赏。

4. 演出结束，家长带幼儿离场。

五、活动分享

1. 发动家长将精彩照片上传于微信群中，分享给大家一起欣赏。

2. 将幼儿感谢的视频短片在微信群中发布。

活动反思

在感恩节当天，利用离园前的十分钟时间，我们组织了一个简单的感恩节仪式。其实为了完善此仪式，孩子们已经整整准备了一周。通过“感恩节”的主题活动培养孩子们的感恩意识，让孩子们从现在开始拥有一颗感恩的心，懂得感恩，学会感恩，将感恩教育和孩子们的日常生活相结合，让孩子们学会感谢陪伴自己的小伙伴，感谢为自己辛苦付出的家人。

在观看孩子们表达“感谢的人”视频的时候，大人们和孩子们嘻嘻哈哈，觉得孩子们的童言实在好玩，有的表达“感谢小伙伴从亲子班到现在一直和我在一起”，有的表达“感谢原来的老师为我们操心”，有的感谢爷爷奶奶“辛辛苦苦地为全家做饭”等，但是当孩子们唱起歌曲《感谢》，当孩子们拿出贺卡，交给爸爸妈妈的那一刻，我想很多父母都是欣喜和感动的。

“滴水之恩，当涌泉相报”，这是中国传统意义的感谢，也是社会主义核心价值观的体现。每一次活动都是对孩子们的一次教育，都增加了对“感恩”一词的理解和体会。在下一次组织活动的时候，可以扩大感谢的人群，让孩子们从对伙伴对家人的感恩扩展到对社会的感恩，感受社会的温馨和谐，感受生活的美好温情，这才是教育“大社会”的体现。

（二）成长展示会

幼儿园的教育不仅仅是当下教育，更注重孩子的未来发展。每一个孩子都是幼儿园的花朵，无论他毕业与否，幼儿园对每一位孩子都有着同样的关爱与期待。对已经毕业的孩子，幼儿园在关注他们成长、发展的同时，也会经常邀请他们回到幼儿园展示自己的所学与所思。他们的每一次展示，都呈现着幼儿园教育着眼于未来的理念。毕业生的精彩展示，也激励着在场的孩子坚定实现梦想的信念。作为教师，在教育中也应该用发展的眼光对待孩子，为幼儿设计长远的发展规划。

记得在团拜会上，我们邀请已经毕业的小朋友和我们分享他现在的学习情况，以前在班级面前唯唯诺诺的他，如今在全园小朋友面前也能够大方讲述自己的经历。幼儿园的七乐教育，就是让每一个孩子都大胆绽放出自己独特的光芒，在不断地蜕变中，变得更加勇敢、自信、热情、友善，所以说幼儿园的教育不仅仅重视幼儿阶段，更重视未来发展，每一个孩子的花期都是未知数，我们静等花开，若花期迟迟不开，或许他是一棵参天大树。

第三节　利用家长资源的策略

导入　家委会的王大妈

“这是谁家汽车呀？挡在路中间出不来进不去的，我还有急事呢！真是太差劲了！”“看看这儿堵的，孩子们出门多不安全呀，真该好好管管！”家长接孩子的时候，看着大门外路口横七竖八的车，不停地发着牢骚。家委会的王大妈也在门口等着接孙子，听见大家的议论，心里想，这个月家委会可有讨论的主题了。

于是，在幼儿园每个月都要召开的家委会上，她对大家说：“咱们家委会这次得好好讨论一下门口停车的问题。”王大妈是家委会的灵魂人物，她的倡议得到了家长们的一致响应。大家就此问题各自发表了看法，摘录如下。

“我看咱大门口越来越乱了，车堵得都快出不去啦！”“可不是，上次我带天天去上跆拳道课就迟到了，可门口堵着汽车出不去呀，真可气！”

王大妈说：“咱们别光发牢骚，得想想办法呀！大家有什么好主意吗？”大家又议论开了“在地上画好停车线，自行车、汽车各放各的地儿。”“没用！接孩子的时候人太多了，肯定有不自觉的。”“我看得派人去看着，我就不信有人管，还管不住。”“谁有时间呀，我可还有事儿呢！”“我们退休的有的是时间，我们来管吧！”王大妈说：“听说前两天有个学校门口因为秩序混乱，轧死了一个孩子和奶奶，多惨呀！”于是大家纷纷说：“没什么比孩子的安全更重要了，我们都报个名轮流值班。”

在家委会的共同努力下，现在幼儿园大门口车辆停得井然有序。每天离园时，都有两名家长志愿者在门口值班，常听到家长志愿者这样的声音：“麻烦您把车停到那边，咱们把路给孩子们让出来。”“孩子们快回家了！宝贝儿，注意安全啊！”

在王大妈的积极影响下，我们幼儿园家委会的队伍不断壮大，大到运动会的方案、小到做操器械的制作，都会有家委会的身影。

为什么会出现这么好的“大妈”呢？“大妈”又是因为什么这么愿意为小朋友，为幼儿园服务的呢？这其中有什么策略和方法呢？

一、家长委员会——人尽其才，资源互补

家长委员会是家长和幼儿园沟通的桥梁，是家长和老师交流的纽带。家长委员会成员能够深入参与到幼儿园工作中，建立健全家长委员会制度，能够充分发挥家长在幼儿教育中的重要作用，达到进一步凝聚幼儿园、社会和家庭教育合力的目的。

幼儿园让家长不理解的事情很多，有时甚至会出现一些矛盾。充分利用家长委员会，让家长对幼儿园的制度、政策、教育先知一步，先得到他们的理解和支持，这样能够以点带面，收到意想不到的成效。

家长委员会使家长真正成为自主合作、共同交流的主人，这种民主和开放的氛围，使家长更愿意投身到幼儿园的家园共育、家园共建。家委会也成为能够解决家长困惑与需要，与教师合作育儿的好伙伴、好帮手。

家长委员会的成立要公开透明，要组织家长按照一定的民主程序，本着公正、公平、公开的原则，在自愿的基础上选举出能代表全体家长意愿的在园幼儿家长，组成家长委员会。通过“沟通——协调——谋划——督促——反馈”的形式，开展各项工作。

家长委员会反馈的是家长的心声，传递的是幼儿园的教育理念，但开展好家长委员会活动不是一蹴而就的，它是有计划、有目的的活动。

（一）做好充分准备，确保活动内容有价值

1. 寻找焦点问题，确定活动主题

家长委员会是为家长服务的，活动内容要能满足家长需求。因此，在制定活动方案之前，首先要考虑家长在家庭教育中存在的问题或困惑，以帮助家长解决实际问题为出发点组织每次活动。在寻找焦点问题时，教师可以根据平时和家长交流的经验确定，也可以采取问卷调查的方式进行针对性了解，从而根据家长比较关心、关注和困惑的问题确定活动主题和目标。

如：小班第一学期期末的家长问卷调查希望了解家长在育儿过程中遇到的问题和对孩子的期望，从而通过幼儿园教育使幼儿得到进一步帮助。通过问题“近期，您在孩子的教育教养过程中，最想解决的问题是什么”了解到47%的家长认为孩子在家的吃饭习惯不好，很少自己吃饭，多数时候都是由家长喂饭。因此，我们就可以以“让孩子把吃饭当成自己的事”为主题，组织家长委员会成员开展讨论活动，让家长委员们通过问卷中反映出的孩子不自己吃饭的种种现象分析原因，探讨指导策略，从而解决家长们的育儿困惑。

2. 收集相关资料、力求专业指导

为了既能够发挥家长委员们的积极性，又能通过活动让家长委员们感受到我们教师指导的专业性，在明确活动内容后，要通过多途径查找相关资料，为问题的解决提供理论支持。在这里所指的多途径，既包括从家长那里了解到的好方法，也包括有经验的老师提供的好方法，还包括从书籍、网络中收集到的好方法。同时，还要查找相关问题产生的多种原因，让家长通过一次活动既能知道其结果，又能知道其原因。从而，潜移默化地塑造教师教育的专业化形象。

（二）开展主题活动，确保活动内容有深度

经过一段时间的家长委员会活动，大家会有这样的体会，选取一个有价值的主题其实并不难，而要想把某个主题做深入却又实属不易。为了能够让我们的活动既有现实价值，又有长远价值，大家可以借鉴主题活动的思路，将家长委员会活动也以主题的形式开展。在开展主题式家长委员会活动时，教师可以根据不同主题的特点选择不同的活动形式、活动时间及活动次数来完成某个主题，从而达到深化主题，拓展教育的目的。

如：中班今年十月开展了一次以情绪管理为主题的家长委员会活动——“给孩子一个榜样”，活动分两次进行，中间间隔一周，目的就是通过一周的时间实

践活动中收获的相关方法，为第二次的活动提供更加直观的材料。每次活动约一个半小时。以下内容是对该主题活动的介绍。

1. 说明活动目标——保证家长参与的有效性

由于每次活动的主题和目标都是不同的，所以在活动之初，主持者要将活动主题、主题由来、活动次数、活动时间、活动形式等向家长委员们介绍清楚。通过介绍，让家长委员们对活动做到心中有“底”。

当家长委员们对活动内容有所了解后，在活动开始时，可以让每位家长说说各自的期待。一方面教师可以了解家长的需求，根据家长的实际需求及时进行调整；另一方面也可以帮助家长理清目标，使家长了解自己真正期望达成的目标是什么，而在这个目标中哪部分短期可以做到，哪部分需要长期进行。当家长意识到目标是可实现的，但过程又必须是有步骤、有方法的，就会自然深入活动中去探寻方法，从而保证家长参与的有效性。

2. 体验活动内容——保证活动价值的传递性

体验的方式很多，而其中最有趣的一种就是游戏。游戏具有趣味性强、参与性高的特点，它不仅能充分调动起孩子的积极性，同样也能极大地调动成人的积极性。在情绪管理主题活动的第一次活动中，为了让家长们体验到什么是积极情绪，教师组织家长们进行了“戴高帽”的游戏活动，在游戏中成员之间要不停地、不重复地互相赞赏。通过这个游戏，家长们不仅体验了一把被表扬的感觉，更从中获得了不少感悟。

游戏结束后，大家都争先恐后地分享自己的游戏感受。而这时，教师(主持者)需要做的是将家长说的感受以观点的形式提炼出来，拓展大家的思路，引发大家更多的思考。

通过这个游戏我们能够感受到，恰当的游戏活动不仅让家长们有了积极的情绪体验，还为家长们创设了一个讨论主题，让大家在同一个起点上，都有话可说，达到了传递活动价值的目的。同时，我们也能够感受到通过游戏，拉近了家长彼此间的距离，创设出了宽松、包容的团队氛围，为之后的深入探讨奠定了基础。

3. 深入活动内容——保证专业指导的延续性

第一次活动结束后，我们为家长们提供了一周的时间来尝试总结出的激发孩子积极情绪的方法策略，并请家长记录下每种策略实施的背景及选择此种策略的原因。第二次活动时，我们以分组进行情景表演的方式，将大家实践的策略相互

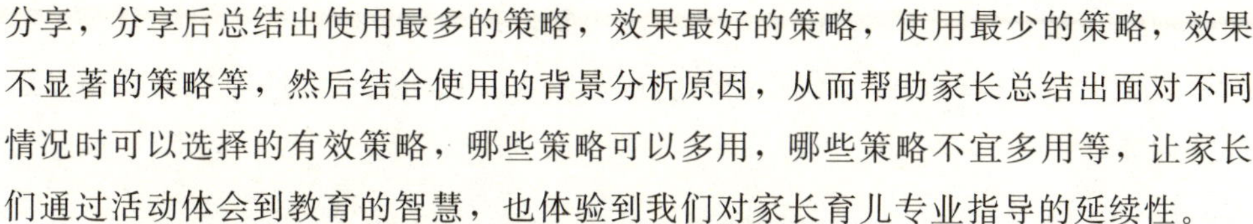

分享，分享后总结出使用最多的策略，效果最好的策略，使用最少的策略，效果不显著的策略等，然后结合使用的背景分析原因，从而帮助家长总结出面对不同情况时可以选择的有效策略，哪些策略可以多用，哪些策略不宜多用等，让家长们通过活动体会到教育的智慧，也体验到我们对家长育儿专业指导的延续性。

二、家长志愿者——凝心聚力，牵手前行

家长志愿者也是志愿者的一种，是家长在自身条件许可的情况下，不谋求任何物质、金钱及相关利益回报的前提下，自愿参加幼儿园提倡或组织的相关活动，合理运用自身的专业，技能或服务等资源，为幼儿园无偿奉献自己力所能及、切合实际的帮助与服务。

家长志愿者是家长参与幼儿园活动的一种有效形式，是幼儿园和班级教师与家长沟通的一种特殊形式。不同年龄、不同行业、不同兴趣的家长汇聚在一起成就了丰富的家长资源库。教师在一日活动中可以根据需要，选择适宜的资源，让家长成为幼儿活动的一分子，激发幼儿兴趣，丰富、深化教育内容，拓展幼儿视野，让家长资源成为幼儿发展的助推力。

最大限度地发挥家长志愿者的优势，有效促进办园质量的提升，对班级工作、幼儿发展和家园沟通都具有特殊意义。

(一)体育运动中家长资源的利用

体育活动是幼儿最感兴趣的，在体育活动中，幼儿的表现是最真实的，他们的心情是最开心、最享受的，同时体育活动是实现幼儿健康发展的重要途径。教师要组织丰富多彩的体育游戏，了解运动内容和运动材料，让幼儿在体育运动中锻炼体能，培养意志品质。

1. 民间体育游戏中家长资源的利用

民间体育游戏不仅能锻炼身体，还能培养孩子生活、交往、竞争、合作、创新的能力，具有健身、健心、健智等功能。我们需要一代代地继承和发扬民间传统文化。但是对教师而言，民间体育游戏是了解较少的内容，而年长的家长对此却比较熟悉。在组织有关民间体育游戏活动时，可以借助家长资源，邀请家长走进幼儿园，走到幼儿身边，把自己童年的游戏教给孩子们。

如：在开展“民间游戏大家玩”活动时，各班教师纷纷邀请家长们走进课堂，向孩子们介绍自己小时候喜欢的民间体育游戏。骑马打仗、滚铁环、打玻璃球、抽陀螺、跳皮筋、撞拐子、跳房子、抬轿子等，孩子们和家长玩得不亦乐乎。在游戏展示的过程中，家长仿佛又回到了自己温馨的童年，在表演各种独门绝技中

和孩子们一起互动游戏，帮助孩子在游戏中学习玩法和规则。

活动中，教师和孩子不仅感受到了传统民间游戏的魅力，同时也感受到了游戏的创造魅力。

案例 9 爸爸教我们“扇元宝”

本次活动，我们选定的主题是民间游戏。这类游戏由于游戏材料简单易得，游戏开展不受空间、场地的限制，游戏内容多样生动、趣味性强而深受孩子们的喜爱。同时，孩子们在愉悦的游戏中学会了动手动脑，学会了分享、包容、合作及思考，可获得童年最快乐的情感体验。然而，随着时代的发展，民间游戏似乎逐渐远离了孩子们的生活。为此，我们对民间游戏进行创新，赋予其时代气息和新的内涵、功能。在与家长充分探讨的基础上，我们决定请张一爸爸作为本次活动的神秘教师，他带来的游戏“扇元宝”不仅让幼儿发展了手腕力量，培养了他们的竞争意识，又让传统的民间游戏再现于现代教育中。

所谓元宝是用纸叠的正方形，正反两面不同，类似于元宝的东西。扇元宝通常是两个人玩，双方互相扇对方的元宝，被扇得翻个儿的一方就输给对方 1 个元宝，要想把对方的元宝扇得翻个儿，元宝就要叠得平整厚实，能带起风来。这就需要用厚一些的纸叠元宝，叠完后再精心修整一下，扇元宝时全身均匀协调地用力，从而带起风来将被扇的元宝翻过来。

在张一爸爸的带领下，孩子们扇起元宝来都很着迷，不把对方的元宝扇翻誓不罢休。在张一爸爸的指导下，孩子们不断总结经验，不断反思，改进元宝的制作方法，分析自己的不足，渐渐掌握了动作要领，成功率越来越高，承受挫折的能力及做事的持久性、意志力自然而然得到了锻炼与培养。

在此，真诚地感谢张一爸爸的付出，有了您的支持与帮助，得以让孩子们再次感受到中国传统民间游戏的趣味性，体会到游戏带来的快乐和成功感。可以说，孩子们在扇元宝的过程中玩出了自信、玩出了智慧、玩出了精彩。

2. 户外课程组织中家长资源的利用

户外活动最能彰显孩子的个性，调动孩子的挑战欲望，但是由于幼儿教师多为女教师，性别特点决定她们对户外体育课程的组织活泼有余，挑战不足。而在家长群体中却不乏从事体育教育的老师，或是在体育运动方面有专长的人。男性家长资源的充分开发能够弥补幼儿园教育中缺少男教师的不足，对孩子们来说，

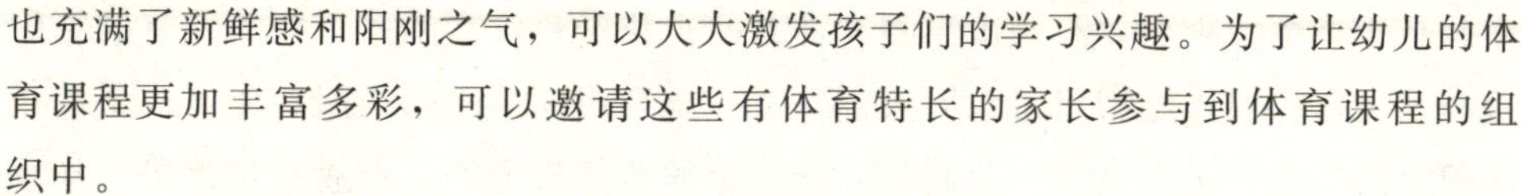

也充满了新鲜感和阳刚之气，可以大大激发孩子们的学习兴趣。为了让幼儿的体育课程更加丰富多彩，可以邀请这些有体育特长的家长参与到体育课程的组织中。

以下就是教师在一次邀请家长组织的体育活动后，记录下的发现和感受。

案例 10　特殊的体育老师

随着宝贝们年龄的增长，他们的身体灵活性和活动技能也在不断提高，所以渐渐地宝贝们可以参加一些技巧性的体育锻炼了。什么活动能够提高幼儿的能力，又能在炎热的夏天让幼儿充分活动呢，我们同家长一起讨论，之后选择了拍球和投篮这两项活动，我们还请了肖邦的爸爸来当宝贝们的体育老师。

这次特殊的体育活动中，肖邦爸爸带小朋友们首先进行了全身的热身活动，之后肖邦爸爸介绍了自己，小朋友们都非常开心。步入正题拍球活动，肖邦爸爸先为宝贝们展示了一些拍球的方式，左右手交替拍，过膝拍，背后拍等，小朋友们都激动得拍手大叫。之后，肖邦爸爸开始细心地教小朋友拍球，之后请宝贝自由练习，他又一个个辅导，一直在鼓励宝贝们，宝贝们学会了新技能非常开心。

第二次活动是投篮，肖邦爸爸先展示并讲解投篮的技巧，之后请小朋友排成两队进行投篮，观察小朋友的掌握情况，尊重个体差异，对掌握技能的幼儿增加投篮距离，对技能掌握不熟悉的幼儿，降低难度。最后请两对幼儿进行比赛，比比谁投中的次数多，对没有投中的幼儿给予鼓励，对投中的幼儿给予表扬。

这次活动既让孩子们学到了新技能又使他们非常开心，是一次非常有意义的活动，既促进了家园互动也促进了家幼互动。

3. 户外玩具制作中家长资源的利用

现在的户外玩具材料越来越强调功能的多样性，单一玩法的玩具已不能满足幼儿的探索需求，能够进行组合创造、一物多玩的玩具才是受幼儿喜欢的，所以就需要根据需要制作大量的户外玩具材料。但是教师的时间有限、精力有限，无法在短期内完成大量户外玩具的制作，这时就可以发挥家长资源，请时间充裕、心灵手巧的家长参与到幼儿户外玩具的制作中。

如：为了准备庆“六一”游艺活动，制作游艺玩具的“倡议书”刚一发出，就有家长自告奋勇地报名，有的出谋划策，有的查找资料，有的准备材料，有的粘贴缝制……家长们或是把材料拿回家制作，或是利用休息时间来园制作，或是利用离园时间接完孩子和老师一起制作，在大家的共同努力下，卡通布袋裤子、动物隧道、打地鼠、印第安投手、划龙舟、舞彩龙、百变方格、动物轿子等玩具材料一件件应运而生，为孩子们的游艺活动增光添彩。

4. 亲子运动会中家长资源的利用

亲子运动会是亲子活动的一种方式，也是幼儿最感兴趣的亲子活动之一。通过亲子运动会，家长能更直接地了解自己孩子在集体中的表现，正确评价孩子的发展水平。通过与孩子互动，可以增进亲子间的感情交流及合作。而且家长亲自参与幼儿园的教育活动，对幼儿园教育及幼儿教育的目标、内容、方式方法将会有更准确地把握，更有的放矢地进行家园合作。

幼儿园可以结合幼儿的年龄特点和发展水平召开不同形式的亲子运动会，通过趣味性的游戏形式，挑战性的游戏内容，让家长和孩子一起享受运动的乐趣。在运动会中家长不仅是活动的参与者，更是活动的支持者，摆放材料、拍照、摄像等都可由家长负责。每次亲子运动会结束后，无论是幼儿、家长、教师都感受深刻，收获丰富。

案例 11　幼儿园亲子运动会

亲子运动会开始时，整个操场处处洋溢着家长和孩子们的欢声笑语。家长和孩子们都热情地参与其中，他们不断加油喝彩、助威鼓劲。热烈欢快的游戏让家长们兴奋并积极参与，充分拉近了家长和孩子们之间的距离，让家长也体验到最初的快乐与童真。家长们的积极参与、孩子们的默契配合，为活动增添了更加精彩的一笔。最后的班级拔河比赛更是将活动推向高潮，孩子们铆足全力为自己的爸爸加油鼓劲，把小手都拍红了却全然不觉。

在欢乐的气氛中，我们的活动结束了。通过这次运动会，我们的感触颇深。这次运动会能够这样顺利地开展，跟每个教师的辛苦付出，家长积极配合和孩子的认真努力是分不开的。运动会中，孩子们展示了他们的风采，爸爸妈妈们展示了他们良好的积极合作精神。我想说家长们真棒！我们的孩子们真棒！

通过这次的运动会，我们的家园关系更紧密了，我们的孩子更坚强了，所有的家长和孩子在参与活动的过程中锻炼了身体，体验了运动的快乐、游戏的

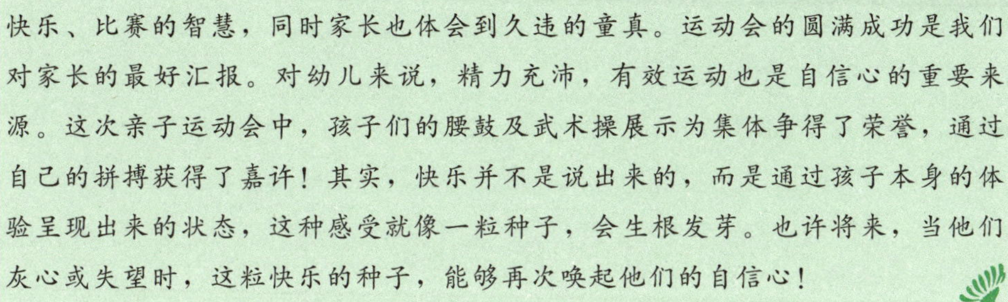
快乐、比赛的智慧，同时家长也体会到久违的童真。运动会的圆满成功是我们对家长的最好汇报。对幼儿来说，精力充沛，有效运动也是自信心的重要来源。这次亲子运动会中，孩子们的腰鼓及武术操展示为集体争得了荣誉，通过自己的拼搏获得了嘉许！其实，快乐并不是说出来的，而是通过孩子本身的体验呈现出来的状态，这种感受就像一粒种子，会生根发芽。也许将来，当他们灰心或失望时，这粒快乐的种子，能够再次唤起他们的自信心！

（二）节日活动中家长资源的利用

节日庆祝活动是孩子们非常喜欢的活动之一，在节日中孩子们可以通过欣赏、表演、制作等活动了解节日风俗，感受节日氛围。在这个过程中教师可以借助家长资源，让幼儿了解更加丰富的节日内容。

如：在“元宵节”“端午节”“中秋节”“春节”等特殊节日来临之际，我们都会组织家长和幼儿一起开展节日美食的制作活动。制作的过程中不仅发挥了家长特长，让家长感受到节日教育的价值，体验参与教育活动的乐趣，也让孩子感受到了家长的聪明能干，增强了对家长的信任和崇拜。

案例 12　元宵节活动方案——欢天喜地庆元宵

设计意图：

一年一度的元宵节就要来到了，孩子们对中国的传统文化熟悉吗？元宵节人们都干什么呢？元宵节是怎样来的呢？元宵节人们都吃什么呢？元宵节猜灯谜孩子会很喜欢吧，带着思索，一系列关于元宵节的活动映入我的脑海中。

活动目标：

1. 引起幼儿的谈话兴趣，萌发幼儿对中国传统节日的喜爱之情；感知中国传统文化的悠久历史。

2. 鼓励幼儿勤观察、大胆发言，体验与同伴分享的快乐，体验与家长合作的快乐。

活动准备：

灯谜、PPT、音乐《闹花灯》和《闹元宵》、糯米粉、白面、大枣、MM 豆、果味软糖、奶糖、麦丽素、一次性手套、围裙、帽子。

活动过程：

（一）了解元宵节的历史

1. 聆听音乐《闹花灯》。

2. 出示PPT，第一位家长介绍元宵节的来历并组织小游戏。

（二）介绍制作元宵的方法

1. 出示图片，由第二位家长进行讲解。

2. 家长向幼儿展示元宵馅的种类和形状。

3. 家长引导幼儿对比不同种类元宵馅的软硬度及制作时的注意事项。

4. 家长示范，按步骤展示，便于幼儿直观的学习。

5. 家长引导幼儿在制作过程中对身边的小伙伴送出美好的祝福。

（三）制作元宵

1. 以组为单位，每组坐一桌，每桌安排一位家长指导和帮助幼儿，共同制作元宵。

2. 每组分配一种元宵馅，自由选择。

3. 播放音乐《闹元宵》，伴随音乐的快乐氛围，制作元宵。

4. 制作过程中引导幼儿对身边的小伙伴送出祝福的话语。

5. 把制作成功的元宵摆盘送入食堂。

（四）灯谜游戏

1. 由第三位家长组织开展游戏，引导幼儿感受猜灯谜的快乐。

2. 幼儿进行抽签游戏。家长公布灯谜的答案。

（五）享受成果

1. 将自制的元宵送入食堂进行加工。

2. 组织家长与幼儿共同分享自己的劳动成果，品尝创意元宵。

（三）民族文化中家长资源的利用

我国是多民族国家，无论语言、衣食住行、宗教信仰还是民间艺术形式每个民族都各具特色。为了让幼儿能够接触到更多的民族文化，我们可以借助家长资源，让家长走进课堂，发挥各自的民族优势，使幼儿获得丰富的民族感受。

如：在开展“走进多彩的少数民族”活动中，我们请家长结合自己的民族特色，以图文并茂的介绍方式和亲身体验的感受方式，让孩子们了解各民族的文化特色。其中一明妈妈的介绍“走进蒙古族”给孩子们留下了难忘的印象。活动中妈妈以一明的日常活动为主线，用照片的形式向孩子们展示了蒙古族的特色美食手扒羊肉和奶豆腐、有名的“那达慕”大会、特色体育项目摔跤和赛马。伴随着一张张生动有趣的照片和妈妈活灵活现的介绍，孩子们不禁发出了“真棒”“真好”的赞叹。介绍完后，一明妈妈还组织孩子们进行摔跤比赛，品尝她亲手制作的奶豆腐，孩子们都兴奋不已。可见，孩子们已经被带进了热情的蒙古族文化中，而领路人则是我们的蒙古族妈妈。由于家长介绍的是自己的民族，在准备中会全身心的倾注自己的热情，讲解过程中传递的不仅是一种文化形式，更是一种民族情感，这是我们老师所无法比拟的。

（四）亲子活动中家长资源的利用

“亲子活动”是家庭教育的深化和发展，是一种特殊的早期教育和社会教育。在教育内容和形式上，与传统教育有很多不同，即由过去以教育子女为主，转向以父母自我教育为主；由父母权威管教转向以关注和引导子女的发展为主；由单一的家长角色转换为老师、朋友、同伴等多种角色；教育方式由家长一味训斥转为在参与游戏中给子女以关怀、发展和教育，为其人格完善奠定基础。“亲子活动”是父母对孩子进行早期教育的良好手段，它是“亲子教育”的一种形式，强调父母、孩子在情感沟通的基础上实现双方互动，也就是让父母与孩子一起玩，一起参与活动，在此过程中让孩子学习掌握一些知识，发展一些技能，这不但能促进幼儿的健康成长，也能促进父母自身素质的不断提高。

亲子活动前可以邀请家长共同参与主题的确定，流程的设计，相关材料的准备以及幼儿相关经验的丰富。过程中可以请家长作为“特殊教师”在参与的过程中给予幼儿针对性指导。活动后可以请家长参与活动的收整工作。任何活动的收整工作都是个大工程，在每次活动后，为了能够尽快收整好材料，让幼儿顺利进行下面的活动，可以发挥家长资源，请家长、幼儿和教师一起进行收整工作。

通过参与活动过程，家长不仅对活动内容有全面具体的了解，更对活动中每一个要求，每一个准备的价值有更深刻的感受。家长的直观感受反馈出的不仅是对教师的理解，对活动的支持，更为日后的深度参与奠定了基础。

案例13 大班"美食节"活动方案

活动地点：大班活动室、休息室

活动时间：2016年4月

活动目标：

1. 了解水果沙拉(饼干)的制作方法。

2. 体验和老师、小伙伴一起动手制作水果沙拉和饼干的乐趣。

3. 增强幼儿使用工具的安全意识。

活动准备：

1. 提前分组：水果沙拉制作组与饼干制作组。

2. 根据分组提前准备好相关制作材料：各种水果、沙拉酱、烤箱、面粉、黄油、模具、托盘、保鲜盒、刀(塑料和金属两种)、围裙等。

3. 提前与幼儿商讨使用刀叉等工具及制作过程中应注意的事项。

4. 相机。

活动过程：

1. 根据分组到指定的制作区域准备，由各组负责人介绍制作内容与制作方法。

注：沙拉制作3组，由3名家长各负责一组进行指导。

饼干制作3组，由3名家长各负责一组进行指导。

2. 幼儿制作活动。

(1)由各组家长负责边讲解边带领幼儿进行制作。

注：水果沙拉制作组重点是指导幼儿正确使用刀子切水果，倒入沙拉酱后使用勺子或筷子搅拌。饼干制作组重点是指导幼儿分割面团和使用模具。

(2)各组指导教师负责巡回提示幼儿注意安全和遵守制作要求。

注：重点关注自控能力较弱的幼儿。

3. 美食品尝会。

(1)在等待饼干的烘烤过程中指导幼儿一起进行收拾整理。

(2)在品尝时指导幼儿用一句话或一个词语表达出自己的心情。

(五)特色活动中家长资源的利用

家长志愿者中不乏各种类型的专业人才，家长志愿者可以发挥自身特长或职

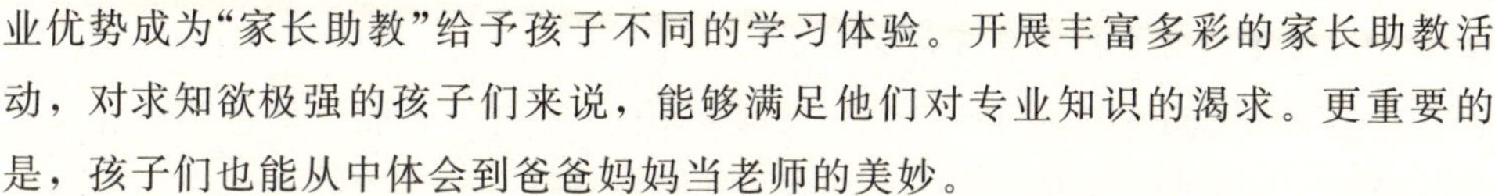

业优势成为“家长助教”给予孩子不同的学习体验。开展丰富多彩的家长助教活动，对求知欲极强的孩子们来说，能够满足他们对专业知识的渴求。更重要的是，孩子们也能从中体会到爸爸妈妈当老师的美妙。

如：小一班在开展“认识植物”的活动时，就借助家长资源组织了一次生动的科学活动“香香的植物”。通过家长的介绍，孩子们不仅知道了植物在生活中的作用，更激发了对植物的探索兴趣。活动取得了良好效果。

案例 14　小一班与香香植物的约会

今天，小一班来了一位漂亮的客人阿姨，她不仅是一位妈妈，更是联合大学园林技术专业的一位大学老师，她就是郑恒宇的妈妈。一节有趣的科学活动——“香香的植物”开始啦！四种植物隆重登场，它们是薄荷、薰衣草、迷迭香、百里香。虽然它们的名字已经是众所周知了，但大多数人还不知道它们的用处。

通过阿姨的介绍，我们了解到薰衣草是一种喜干燥、需水不多的植物，可以把衣服熏得香香的，可以让我们睡得香，还可以泡水喝。

薄荷为常日照作物，性喜阳光，日照可以促进薄荷开花，且可以利用薄荷油、薄荷脑制作好吃的糖、药和牙膏。泡水喝、做菜都是很有营养的。

迷迭香做成香料，可以促进头发的生长，还可以制作好吃的西餐。

百里香的香味在开花时节最为浓郁，可以作为香料和药物使用，和其他食物放在一起可以制作出美味佳肴。

孩子们通过看一看、摸一摸、闻一闻，知道每种花的香味都不一样，对每种植物都爱不释手。

活动后，孩子们还纷纷来到自然角，纷纷当上了小老师。“你知道它叫什么吗？哈哈，我知道，它叫薰衣草。”自然角成了小朋友最喜欢的探索区域。通过活动，孩子们还知道了要做植物小卫士，见到花朵不要摘，春天小草不要踩，长长树枝不要折。

相信通过这样的活动，不仅能充分挖掘、利用家长丰富的教育资源，拓展幼儿园的教育内容和幼儿的学习经验，更能使家长真正成为幼儿园的合作者和支持者，更好地实现幼儿、家长和教师的共同成长。

（六）宣传活动中家长资源的利用

其实家长之间的交流远比家长与教师之间的交流多，家长之间也是能够相互影响的，如果家长之间传递的是正能量，不仅能够调动家长对幼儿园，对班级活动的热情，还能相互学习，达到家园有效合作的目的。

如：在玩具制作活动中，教师就以微信的方式把一直积极配合班级活动的家长事迹进行了宣传。通过图文并茂的介绍，看似平凡的小事却在家长中引起了轰动，家长们纷纷表示从一位普通姥姥的身上知道了如何做才是真正配合老师的工作。

案例 15 榜样家长"巧手达人"

为了丰富孩子们的幼儿园生活，锻炼孩子们的身体，我们发出了家园共同携手一起为孩子们制作户外玩具的倡议书，李卓潇姥姥是第一个报名参加的。姥姥一直以巧手著称，在家里，李卓潇的毛衣都是姥姥亲手织的，上面还有各种图案；在外面，谁有手工难题，姥姥都能顺利解决。

在制作玩具"花式钻投网"时，为了解决绳子软，系好的结总是开的问题，姥姥把绳子拿回家进行研究，实验了把绳子弄湿、用胶粘、用淀粉浆绳子等让绳子变硬的办法。当找到好办法后，马上就教给一起制作玩具的家长们，大家都亲切地称姥姥为"老师"。不仅如此，姥姥每天都会把在幼儿园没有完成的工作带回家继续完成。在姥姥的带领下，经过大家的努力，玩具终于做好了。当得知要挑选出两个最好的拿到总园参加比赛时，大家都说干脆让"老师"再编两个好的吧。姥姥高兴地答应了，她精心设计，花费两天时间独立编出了3个网子，可以说除了吃饭、睡觉都在编织。姥姥有颈椎病，长时间低头编网脖子开始疼。于是，妈妈就帮姥姥弄，当妈妈快要弄好的时候，姥姥却说："你弄的这是什么呀？一点也不好看，这是要参加比赛的，你看看，这里太松了。"结果姥姥全都拆了，自己又重新编了起来，姥姥对自己一向要求很高，容不得半点马虎。

姥姥还说："一想到孩子们玩玩具时高兴的样子，我就高兴！以后这种活动我还要参加。"

家长资源的作用对幼儿园来说不可估量，家长资源的有效利用既可以产生直接的教育价值，也可以辐射出强有力的宣传价值。作为教师要重视家长资源的作用并加以有效利用，让家长资源成为幼儿园教育的助力，推动幼儿园教育向更加社会化、自然化、全面化的方向发展。

开展家长工作的目的是达到家园间的双向有效沟通与合作。首先教师需要重视家长工作的作用，从思想上把家长当为教育的合作者；其次教师要多积累开展家长工作的方法，利用多种方式建立家长合作的意识；最后，教师要充分合理地利用家长资源，巧妙地将家长资源转化为教育资源。作为园长只要指导教师做到从思想到行为上的转变，就一定能实现家园共育。

第五章 实例分析

——不同类型家长工作具体该如何做

对不了解幼儿园教育的人来说，幼儿园中的家长工作就是教师向家长汇报孩子的情况，发放幼儿园通知而已。其实不然，无论从幼儿角度、教师角度还是家长角度，都有不同的侧重点和目的。作为园长，首先要对各类型的家长工作有清晰的认识，指导教师在实际工作中不断实践和总结经验，从而达到有效开展家长工作的目的。

第一节 家长工作一点通

一、综合了解为基础

对教师和家长来说，了解是合作的基础，只有相互了解才能达到互相理解，有效合作。幼儿园通常采取交谈和问卷的方式对家长进行了解。

（一）“谈”出家长心声

交谈包括日常的随机交流，有主题的交流，解决困惑的交流等。谈论的内容可以是幼儿的兴趣爱好、生活习惯、优势或不足，也可以是班级活动的相关内容、育儿知识等。交谈的引发者既可以是教师也可以是家长。交谈应在平等、尊重的基础上进行，对家长不正确的做法不讽刺，好的建议要虚心接受。

早来园和晚接园时间是家长与教师交谈的“高峰期”，根据教师统计，家长经常问以下几类问题。

1. 生活护理方面的问题

(1)在幼儿园吃饭怎么样？能自己吃饭吗？

(2)今天喝水了吗？喝了多少水？

(3)教室里冷不冷？穿多少合适呀？

(4)户外活动时有没有冻着？

(5)教室里热不热？开空调吗？

(6)有没有蚊子？

(7)上完厕所能把裤子提好吗？

(8)孩子中午睡觉吗？

2. 教育教学方面的问题

(1)今天学了什么知识？

(2)孩子会了多少？

(3)上课专心不专心？

(4)老师提问能回答出来吗？

(5)在某方面有没有进步？

(6)数字写得怎么样？占格对吗？

(7)在家怎么帮孩子复习？

3. 社会性问题

(1)今天在幼儿园高兴吗？

(2)在幼儿园里能和小朋友一起玩吗？

(3)能主动和老师小朋友交流吗？

(4)和小朋友发生矛盾了能主动跟老师说吗？

(5)今天有没有主动表现什么？

(6)上课能举手回答问题吗？讲话声音大吗？

(二)“答”出共育方法

问卷调查是以书面提出问题的方式进行资料收集的一种方法。通过问卷能够收集大量的信息资料，便于归类整理和统计，调查结果具有一定的代表性。幼儿园内的家长问卷主要包括以下四种：幼儿入园前的调查问卷，旨在通过问卷了解家长对幼儿园整体情况及教育理念的认知情况，了解孩子的基本情况，了解家长对幼儿的教育理念及教育策略；活动开展前的调查问卷，旨在了解家长需求，活动中能够提供的资源，对活动组织的好想法好建议；活动后的调查问卷，旨在了解活动后家长感受；学期末的调查问卷，旨在了解家长对幼儿园管理、班级工作及教师工作的认可情况，还有对幼儿园工作提出的意见和建议。问卷内容可涵盖多方面多角度，可根据想了解的内容，从不同侧面提问，家长在填写时有充分的时间思考，所以通过问卷能够更加清楚、详细地了解家长的真实想法和需求。

问卷内容的设计是由调查内容决定的，问题要明确，不宜过多。回答形式可以是判断、选择或简答。填写问卷没有时间限制，可为家长提供较充足的思考时间。填写问卷的场所可以根据需要在幼儿园内填写或在家中填写。问卷的类型可以是纸质问卷也可是电子问卷。

二、多元宣传达共识

无论是哪种形式的家长工作，最终都是为了达到宣传的目的。宣传教师的专业能力；宣传科学的育儿方法；宣传园所的教育理念；宣传班级活动等。这种宣传不是高喊口号，而是建立在真诚交流、解决实际问题或促进活动开展基础上的。

（一）“教”尽显专业能力

教师是在幼儿园陪伴幼儿的人，教师的职业道德，专业水平最受家长关注，以适宜的方式宣传教师，不仅能加强家长对教师的了解，更能建立家长对教师的信任感。通常可通过家长联系栏的教师情况介绍，成果荣誉展示，窗口环节的展示，开放日活动展示以及与家长交流的亲和态度，对待家长需求的认真态度，解决家长困惑的策略等方式，展现教师的精神风貌和专业能力。

（二）“宣”科学育儿方法

目前在家庭中负责教养幼儿的或是全职妈妈，或是老人。全职妈妈年轻、有活力，善于学习和尝试新事物，具有先进的教育理念，崇尚科学的育儿方法。但是由于缺乏教育经验，在实施教育策略时往往忽略孩子的个体差异，只是尝试学到的方法，很难做到“因材施教”。因此，当实施某种方法却没有解决孩子的问题时就会很苦恼。面对这样的家长，我们既要认可家长好的做法，又要帮助家长学会从多角度了解和分析孩子，给出相应的建议。一段时间后与家长进行后续沟通，分析效果，根据实际情况调整完善教育方法。

老人，一般都是以生活照顾为主，往往忽视孩子的发展需求。同时，由于父母平时工作忙，和孩子相处的时间较少，与老人在育儿观念和方法上又存在分歧，所以无法以一致的教育策略去指导孩子，造成孩子常出现任性、脆弱、自我，独立性弱、不会和小伙伴相处等各种问题。面对祖辈家长，教师首先要给予理解和尊重，通过生活中孩子的表现帮助家长认识到孩子存在的问题以及正确的教育方法，让他们通过孩子的变化逐渐转变自己的育儿观念和育儿方法。

（三）“传”园所教育理念

园所的教育理念不是用口号喊出来的，而是要通过幼儿园和班级开展的活动，幼儿发展以及教师教育理念的传递、家园配合的内容体现出来，让家长在参与的过程中感受到，在孩子的变化发展中感受到。

如：小班教师在学期末的家长会中与家长分享了纠正孩子不主动洗手、洗手时磨蹭、洗手时玩水、洗手时把水龙头拧到最大等不良习惯的方法，让家长感受到了教师的教育智慧，感受到了幼儿园的养成教育理念。

案例1　洗手

在洗手环节我们发现有些孩子不主动洗手、磨磨蹭蹭、洗手时喜欢玩水、经常把水龙头拧到最大。我们分析这些现象是由小班幼儿的年龄特点决定的，即做事目的性不强；天性喜欢玩水，探索意识较浓，对水很好奇；喜欢听"哗哗"的声音，对水流大小区分不明确。为了解决这些问题，我们采取的方式不是制止或简单的方法强化，而是以尊重孩子的年龄特点为基础，采取相应的支持策略，通过用音乐游戏的方式，让幼儿跟随着欢快的节奏洗手，加快洗手速度；开展关于水的科学探究活动，增加幼儿对水的了解；开展开大水和开小水的比较活动，引导幼儿了解和区分水流大小。在满足孩子兴趣及探究需要的过程中，帮助孩子养成认真洗手、讲卫生、节约用水及认真做事的好习惯。

（四）"展"班级特色活动

幼儿园和班级组织的各种活动不仅深受幼儿喜欢，同样也深受家长认可。众所周知，活动是幼儿成长和家长了解班级情况的最佳途径。为了让幼儿能够获得多方面的情感体验和能力发展，班级会结合节日和幼儿园安排组织每月的特色活动。要想让家长真正感受到活动的价值，一定要重视活动的宣传，只有让家长充分了解活动的价值，才能取得家长的支持和配合。

如：开展美食节活动时，在活动之初，各班要通过短信、微信或博客向家长介绍开展美食节活动的意义。为了能够通过家长达到有效指导，以家长经验促幼儿发展的目的，各班在家长了解活动的意义和开展方式后，又根据活动设计向家长进行了活动经验的调查，根据幼儿的能力水平和经验确定出各班的制作内容。由于家长充分了解活动开展的价值及开展的方式，所以活动赢得了家长的大力支持和积极参与。活动结束后，为了让每位家长都了解亲子美食节的活动过程，感受活动的精彩瞬间，各班把活动过程从准备、制作到分享都一一在微信和博客中进行了展示。当家长看到活动内容时，不但点赞表示认可，还纷纷表达自己的感受。参加的家长争相表达了参加活动时愉快的心情，感慨体验式的活动对幼儿成长的促进作用。没参加的家长一方面表达遗憾之意，另一方面对参加家长和宝贝的表现大加赞赏，对老师组织如此好的活动表示感谢，并希望今后老师多组织这样家长和孩子都能参与的活动。可见，以活动促发展的教育策略已经得到了家长的认可。

案例2 健康快乐美食节

作为一名班级家委会成员，我全程参与了幼儿园美食节的策划、筹备、展示等系列活动。通过参与，我感受到幼儿园对幼儿饮食习惯的培养，科学合理安排三餐，真正让孩子吃出营养、吃出健康。同时，也真切地感觉到老师在开展此活动中所体现的真诚与认真，在她们的引领及感染下，全体家长从支持者转变为真正的活动践行者。

本次活动历时一个月，共历经四个阶段。第一阶段：利用双休日召开了班级家委会，策划美食节方案、拟定美食节宣传图示及环境创设；第二阶段：家委会成员分工合作，完成"小馋猫照片"的征集，收集家庭特色菜谱和小点心制作方法，家长分别认领活动采购内容(小厨师帽、气球等)；第三阶段：在班主任老师的带领下，提前进行班级迎新美食节大环境的创设；第四阶段："美食一条街"亲子游戏。孩子们在做做、玩玩中体验了快乐，家长在参与中享受到亲子活动带来的乐趣。

虽然热热闹闹的美食节过去了，但是留给我的不仅是美好的记忆，更使我提高了对幼儿健康饮食习惯养成及早餐对处在生长发育期儿童重要性的认识。美食节系列活动是一个家园共育的好载体。这期间，最感慨的是父母，最快乐的是孩子，最辛苦的是老师。在这里，我代表全体家长感谢老师们的辛勤付出！

(五)"树"园所榜样家长

由于家长的知识水平不同，素质不同，所以对幼儿园和班级开展的活动，教师提出的合作要求也会产生不同的看法，不同的态度。有的家长乐于参与活动，愿意承担活动任务，却不知该如何下手；有的家长觉得参加幼儿园活动比较麻烦，认为幼儿园的事情都应该是老师做的，和家长没有关系；还有的家长认为幼儿园的这些事情都是不疼不痒的小事，没必要那么上心……为了让家长认识家园合作的重要性，了解参与幼儿园活动的方式方法，感受自己在孩子成长过程中的价值，我们要多开展家园互动活动。我们可以借助榜样家长的力量，通过家长之间的相互影响，提高家长的合作意识。

如：为了感谢支持幼儿园工作、支持班级工作的优秀家长，让广大家长感受到支持、参与、合作的价值，开学初幼儿园进行了榜样家长展示活动。通过活动，原本对幼儿园活动不感兴趣的家长不仅转变了观念，更是用实际行动参与到幼儿园的各种活动中。

案例 3 身边榜样 前行力量

家长是孩子的第一任老师，更是幼儿园的重要合作伙伴，只有家园密切合作，才能给予孩子最好的教育，促进孩子的成长。我们丰台一幼这个大家庭里涌现出了一批支持幼儿园工作，支持班级工作的优秀家长。

他们用自己的实际行动诠释着“爱”的意义，传递着“教育”的内涵，践行着“合作”的真谛。是他们进一步打开了孩子的视野，让孩子体验到了多元的教育，感受到了家园同爱的温暖。同样，也是他们让我们的幼儿园教育更加丰富多彩，让我们的教育内涵传播万里。正是因为有了他们，我们的孩子幸福着，我们的教师快乐着，我们的园所发展着！

身边榜样，前行力量。榜样不仅是一面镜子，更是一面旗帜，我们深信每位家长都是彼此的榜样，都是一面旗帜。让我们都擎起自己这面旗帜，用优秀的行为，陪伴孩子在丰台一幼这个乐园里健康快乐成长！

三、全面开放促和谐

常言道“耳听为虚，眼见为实”。想让家长真正了解幼儿园，了解教师，了解孩子在幼儿园的情况，只有让他们真真切切地看到，他们才能从心里感受到教师的辛苦。因此，幼儿园和班级定期组织家长开放活动，让家长走进幼儿园，走到班中，让家长看到教师的组织方式、指导策略，看到教师和孩子的相处方式、互动方式，看到孩子们的表现，让家长通过孩子的成长感受到老师的辛苦付出。

案例4 老师您辛苦啦！

参加完张奥的运动会有几天了，但仿佛还沉寂在那天的情形中，觉得自己也真正参与其中了。运动会在孩子们喜悦的心情和热烈的掌声中，在家长欢快的笑语声中，取得了圆满成功。

首先是入场，孩子们排着整齐的队伍，喊着响亮的口号，在各班老师的带领下，迈着整齐的步伐，精神抖擞，按顺序进入运动场。孩子们没有经过太多的排练，能达到这样一个整齐有序的效果，全然不像家里那样不听指挥，老师功不可没，你们辛苦了。升旗仪式上，伴着国歌五星红旗冉冉升起，孩子们的脸上满是严肃，在孩子们小小的心灵里已经播下了爱国的种子。

张奥所在班级是大班，她们表演的是腰鼓，动作是那么整齐，我的眼睛不禁有些湿润了，这些原本可爱的孩子，在老师精心培养教导下，今天能在众人面前进行如此精彩表演，是多么不容易啊。她们接下来表演的武术操，一招一式都特别认真，我一开始学就觉得不容易，她们是怎么办到的，能达到这样的水平，老师付出多少心血啊！我对老师的感谢无以言表，对她们在孩子身上投入的爱和精力表示敬意。

四、真实体验求创新

作为家长，总是很希望能多了解一些孩子在幼儿园的生活及学习情况，而通过孩子所知道的总是嫌少，因此走进幼儿园的体验活动便成了家长最为期待的活动。随着家园合作的日益深化，现在幼儿园越来越重视家长的体验活动。通过体验能够让家长获得最直观，最真实的感受，能够加深家长对活动价值的理解，增强家长对教育理念的认同感。目前，体验的内容也越来越广泛，可以是我们常见的联欢会、运动会中的亲子游戏；可以是手工制作活动；可以是体现教育理念或幼儿发展的游戏；还可以是游戏活动的组织。

（一）开创家长会新形式

家长会是向家长介绍幼儿培养重点和指导策略的有效途径。如果只是单纯的语言介绍，家长的印象往往并不深刻，也无法体会其重要性。通过游戏体验的方式，不仅能改善“一言堂”家长会给人带来的枯燥感受，更能让家长感受到培养内容的重要性，教师方法的巧妙性。

一位大班教师在召开家长会时，通过游戏“猜礼物”让家长体验倾听的重要性和提问方法的重要性。通过游戏“最牢固的山”让家长体验合作的重要性，使得家长越来越重视与教师的合作。

（二）玩转课程新理念

在课堂中，家长的体验可以是活动的某个环节，也可以是整个活动过程；可以是家长的独立体验，也可以是和孩子一起的共同体验；他们可以是活动的参与者，也可以是活动的组织者。通过体验不仅能够让家长了解活动的价值，幼儿的发展情况，更能让家长了解在家庭中可以进行的相关活动，正确的指导方法。同时，还能让家长更加理解教师的工作，并体会到自身资源对幼儿发展的价值。

一位参与到“故事家长讲故事”活动中的妈妈在活动后说“老师们太棒了，不讲不知道，一讲才发现自己和你们差那么多。一直以为给孩子讲故事很容易，原来同时给三十个孩子讲故事那么不容易，既要让孩子们爱听，还要照顾到孩子的表达需求，处理插嘴、争论的问题。简直是太不容易了！”可见，体验是家长了解活动价值，了解教师工作最好的方式。体验带给家长的感受是解决家长疑惑最好的答案，因为它不是教师讲出来的，不是看不见摸不着的。它是出自家长本身的，是真实可信的。因此，家长体验的内容越多，对幼儿园和班级工作就会越支持，对教师就会越理解，越信服。

（三）乐享亲子新模式

亲子活动是一种以亲缘关系为基础，建构良好的亲子互动关系，实施亲情影响的有目的、有计划的教育活动。在设计过程中，它将游戏活动作为主要教育手段，教学活动遵循幼儿的身心发展特点，为父母和孩子提供了共同游戏与学习的机会和条件，使父母获得恰当的先进的教育行为和教育观念，提高了家长的科学育儿水平，实现了幼儿学习、家长培训的指导思想，形成教师、家长与幼儿进行互动游戏的教学模式。这就决定了亲子游戏多元性、多向性和全面性的特点。

亲子活动是幼儿和家长都十分喜欢的活动形式。通过亲子活动不仅能增进亲子间的感情，更能够在活动中看到孩子的发展，从而更加理解幼儿园的教育理念。现在的亲子活动内容越来越丰富，运动会中的亲子游戏，联欢会中的亲子表演，节日庆祝活动中的亲子美食制作，环保教育中的亲子环保制作等。总之，亲子活动让家长越来越了解幼儿园，更有效地促进了家园共育。

如：每年的亲子运动会，无论小班、中班、大班都会设计符合幼儿能力水平的亲子游戏活动。通过亲子运动会，家长不仅感受到了运动的快乐，更感受到了教师的用心，游戏对幼儿发展的价值。每次运动会结束后都纷纷用文字记录下自己的感受，以此来表达对幼儿园活动的认可和对教师的感谢。

案例 5 运动会感想

“宝宝，你们真棒！真精神！爸爸妈妈们快来给我们鼓掌吧！”2014 年 10 月 17 日，在明媚的阳光里，在飒爽的秋风里，期盼已久的棒宝宝运动会终于再次火热开幕了。孩子们和老师、家长欢聚一堂，共同度过了开心快乐的一天。

“合力运伤员”是我和崔锦雯参加的第一个运动项目。摆好“担架”，放好“伤员”，我和崔锦雯扮演的“救生员”争分夺秒地出发了。“运伤员”并不是一件轻松的任务，轻松地跨过“小竹排”后，我们来到了这次任务最大的障碍“梅花桩”——倒扣的小碗。走在前面的崔锦雯小心翼翼地迈出自己的小脚，我在后面一边掌握住平衡，一边小声地鼓励：“宝贝，别怕！一步步地来。”平时胆子就有点小的崔锦雯开始还有点犹豫，听到我的鼓励后，勇敢地迈出了第一步。一步、两步、三步……三个“梅花桩”终于过完了。这时往四周一瞧，糟糕！我们已经落后了！赶紧追！我们撇开大步，紧追过去。不过遗憾的是，我们还是最后一个到达终点。崔锦雯的情绪一时有点低落，我急忙给她打气：“宝贝，没事！失败是成功之母！”每次崔锦雯遇到挫折，我总拿这句话鼓励她。片刻的沉默之后，崔锦雯重新振作起来。竞技比赛，除了胜负，我们更应该教给孩子的是如何正确地对待胜负。有时候，挫折也是一种成长，不是吗？

“两人三足”是我和崔锦雯参加的第二个运动项目。相比前面的“合力运伤员”，这个项目对协作性的要求更高。为了赢得比赛，我们前一天晚上专门在家里进行了练习。“我们一起先迈绑着的这条腿，妈妈步子小一些，宝贝步子大一些。”一上场，我就给崔锦雯重复了一遍要领。比赛开始后，我们一边喊口号统一步调，一边拼命地往前迈步。我和崔锦雯的两条腿组成的“第三条腿”和各自的一条腿配合得非常默契，当然速度也是最快的。这次，我们第一个达到了终点。“胜利啦！我们是第一名！”看着崔锦雯开心的样子，我忍不住抱住她一起欢呼起来。在这个项目中，我们不仅学会了如何配合，更重要的是，昨晚的练习发挥了重要作用。“不打无准备之仗”——在未来的日子，这个道理或许将给崔锦雯带来更大的成功。

快乐的日子总是短暂的。转眼间，运动会就要结束了，但欢乐中互动、运动中成长的主题却不会结束。在今天运动会上学到的东西将成为崔锦雯成长中的重要一课！感谢幼儿园老师们精心的组织和细心的安排，让这一天既精彩又难忘！

五、悉心解答重方法

俗话说，“越是看不到的，越神秘”。对家长来说同样如此，由于无法进行实时的交流沟通，又看不到孩子在幼儿园中的表现，所以只要孩子回家后出现情绪问题，家长就会产生孩子在幼儿园受委屈，孩子得不到老师关注的想法。当遇到这样的情况时，教师首先要做的不是急于解释，而是先要站在家长的角度分析家长的想法，然后再向家长说明事情的原委，既要理解家长的情绪，也要真诚地表达出这样做的目的，并给予家长化解孩子不良情绪的方法建议，让家长了解要站在孩子发展的角度去帮助孩子。

家长的疑问困惑可能涉及幼儿生活的方方面面，有些家长会直接询问教师，有些家长会向孩子或身边的家长了解，有些家长会直接找领导反馈。无论家长采取哪种方式解决，当教师了解到家长的想法时，一定要以积极的态度及时给予解决，当天能够解决的不要拖到第二天解决，能够面谈解决的，不打电话说明，普遍家长都存在疑惑的要集体说明，避免由于问题搁置深化矛盾。其实，无论是教师，还是家长，大家所做的一切初衷都是为了促进孩子的发展。相信只要让家长能清楚了解教师的意图，一定能理解他们的做法。

如：一位教师计划用奖励 MM 豆的方式激发孩子对数学活动的兴趣，但由于个别孩子因为没有得到奖励而情绪低落，对此家长表示十分不满，并在班级微信圈中直言不讳地表达了自己的不满情绪。对此，教师并没有回避，而是向家长详细地解释说明，最终赢得了家长理解。

案例 6　由 MM 豆引发的风波

班中开展数学竞赛，用 MM 豆作为奖励，但这种方式同时挫伤了没有得到 MM 豆小朋友的自尊心，对此班中的家长在微信群中表示了强烈的不满。话题一出引发了许多家长的共鸣。面对如此棘手的问题，我想老师的不回复、不回答，会引起家长们的质疑和恐慌。换位思考，从家长的角度思考问题。如果我是家长，最迫切得到的回复是什么呢？最后，在分析了小朋友在班中的表现及近期老师与小朋友家长的互动后我给出了如下的回复。

写给我敬爱的家长朋友们！这两天看到大家谈到关于数学竞赛的问题，首先非常感谢大家能把我当成家里人，毫无保留地讲出心里的感受，在这里感谢大家对我们的信任。然后跟大家谈谈我们的数学课，知道大家对宝贝们的数学学习很重视，所以在接班的时候我们决定一定要利用各种形式保护孩子们的学习兴趣，保证数学活动的质量。活动过程中，我们以竞赛和奖励的方式激励孩子们学习数学的兴趣。可能这次的奖品巧克力对孩子们的诱惑力实在太大了，所以才出现大家提到的孩子们为没有得到而难过，想通过努力去得到的现象。在这里我想说的是，希望我们一起对宝贝进行引导，让宝贝知道，老师和爸爸妈妈已经看到他们的努力，并为他们的努力而骄傲。当然，为了保护宝贝们的学习兴趣和自尊心，我们也会通过多种途径进行表扬和奖励，让宝贝们在过程中感受到自己的进步和成长！再次感谢大家的直言不讳，我们会更加完善教育策略，相信在我们的共同努力下，咱们的宝贝一定能够快乐成长！

针对此事，刚才还掀起不小的波澜，照理说家长们会出现不同的反馈。但是我的回复出发后，许多家长都站出来为老师说话，站在老师的角度分析问题。通过家长与老师的沟通，家长与家长之间的沟通，逐一分析孩子的表现与在家的教育策略，大家开始理解老师，并在接下来的家园共育活动中积极表现。看似矛盾的一件事却又成为家长与老师关系缓和的转折点。

六、深入交流共发展

以交流为目的的家长工作指的是教师与家长针对某个问题的交流或教师组织的家长之间经验的相互分享。前者有明确的主题，交流的目的是解决问题，后者可以是结合某个主题的交流，也可以是各种育儿知识的交流，交流的目的是经验共享。

交流内容的来源可以是教师在日常生活中发现的幼儿问题，也可以是在与家长交谈中了解到的家长感兴趣的话题或教育中的困惑，还可以是家长好的育儿经验。为了让交流内容更有价值，在交流之前，教师可通过调查的方式，了解家长的实际需求，结合内容提出一些思考问题，并给家长充分的准备时间，从而保证交流的质量。

案例 7　做个“有心人”

有一次，都书林的妈妈小心翼翼地问我：“老师，都书林在幼儿园午睡情况怎么样?”我不假思索地说：“都书林午睡很乖的。”他妈妈点点头就走了。

分析与反思：这件事情过后，我和班里的老师讲起都书林妈妈的问话，大家都觉得其中肯定有原因。

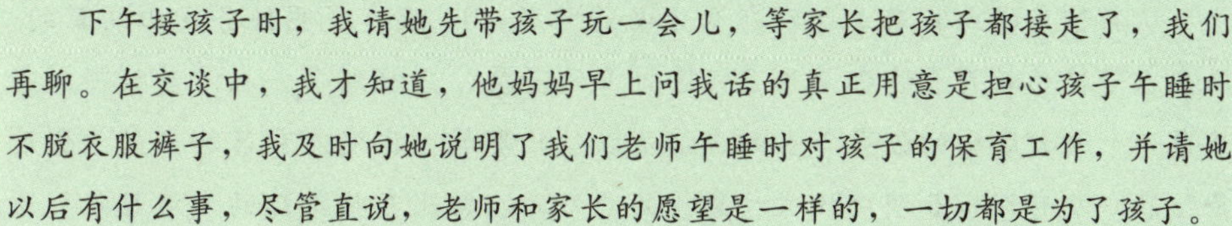

下午接孩子时，我请她先带孩子玩一会儿，等家长把孩子都接走了，我们再聊。在交谈中，我才知道，他妈妈早上问我话的真正用意是担心孩子午睡时不脱衣服裤子，我及时向她说明了我们老师午睡时对孩子的保育工作，并请她以后有什么事，尽管直说，老师和家长的愿望是一样的，一切都是为了孩子。

启示：这件事给了我们很多的启示。一些家长由于不了解幼儿园中的有些做法而产生误解，他们常常以委婉的方式提出来。如果老师此时不做个“有心人”，听不出话中的潜台词，只从表面上理解问题，不但得不到家长的认可，还会引起家长的误解。我们在与家长沟通时，不光要注意语气和语言的委婉，还要“多个心眼”，听懂家长的潜台词，这样才能收到事半功倍的效果。

七、科学通知共教育

告知家长信息为目的的沟通以张贴通知，发放通知条、离园时说明、短信通知、电话通知为主。

（一）活动安排通知

班级、幼儿园需要召开家长会或组织活动前都要通知家长相关信息。通知要说明具体时间、地点以及主要内容。如果需要家长参与或配合，要向家长说明家长配合的意义及具体的配合方式等，使家长了解活动情况。无论是班级活动还是幼儿园活动的通知都要简要说明活动的价值，最好从孩子的角度进行表述。

案例 8 活动通知

通知

各位家长：下周我们班要开展玩具主题活动。请下周一带上以下物品：玩具图片及各种类型的实物玩具。谢谢您的配合！

如果您是家长，当看到这样的一条信息后会有什么感受？是否愿意积极配合班中的教学任务？可以说这是一条命令式的信息，虽然语句通顺简练，但传递给家长的话语没有感情、没有温度。布置任务的方式过于直接，没有在情感上铺垫与家长共育的情感基础。

从新信息的内容来看也存在两方面的问题：1. 没有说明任务发出的目的。幼儿在园接受教育最终都是为了促进自身的发展，分解到每一次活动教师对家长每一个大大小小的任务布置都应该是以幼儿发展为出发点和落脚点的。但这条信息中没有让家长明确此次收集物品的目的，幼儿在收集后的发展目标，所以给家长的感觉就是配合老师完成工作。2. 信息内容中只是告知了家长应该做什么，作为教师在活动中做了什么或即将做哪些家长也不清楚，家长有可能就会有这样的感觉：老师就是一个发号施令者，有了事情就会让家长干，都让家长做了老师倒是省事了！

通过以上分析我们知道，即使是一条短短的文字信息都会传递出不同的理念、不同的情感，当然就会产生不同的家园合作效果。了解到的文字信息的重要性后，那么上面的信息可以怎样调整呢？

请您帮忙

尊敬的各位家长，您好！下周我们将要开展玩具主题活动，我们将会做好充分的准备，如收集图片、制作幻灯片、准备课程所需要的物品等，希望您能和孩子在家收集相关资料同时把孩子的玩具带到幼儿园和大家分享，以便让孩子们一起探究，了解更多与玩具相关的知识。相信有各位的支持与努力，孩子在这个主题活动中将获得更大的发展。谢谢大家！

我们看到这条信息时的心情会不会好一些呢？会不会有更多的意愿参与到孩子们的主题活动中？这条信息规避了上面我们分析的问题，清晰描述了家长配合活动的目的——大家分享以便让孩子们一起探究，了解更多与玩具相关的知识；活动中教师的准备——我们将会做好充分的准备，如收集图片、制作幻灯片、准备课程所需要的物品等。这样的简单说明让家长了解到教师、家长在为孩子的发展做什么？该怎样相互配合？这就是家园共育的过程。

以上两条信息通过文字的增减达到了不同的效果，将家长配合变被动为主动。从文字呈现的口吻来看都是以教师口吻说出，想一想在我们的文字传递中还可以使用什么样的口吻呢？教师、家长、幼儿三方都在以不同的角色完成着相同教育目标——促进幼儿的发展。那么在信息发布时也可以采用不同的口吻。

温馨提示

亲爱的爸爸妈妈：下周我们班要开展玩具主题活动啦！我想和爸爸妈妈一起收集玩具图片，还想把我的玩具带到幼儿园与小朋友一起分享。我知道爸爸妈妈工作很忙很辛苦，但我会乖乖地听话，和您一起收集。通过和小朋友的分享我会收获更多！谢谢亲爱的爸爸妈妈哦！

以上这条信息是以幼儿的口吻发出的，看到文字的第一感觉就好像自己的宝宝在对自己说话，一种亲切、温暖的感觉油然而生，家长一定很乐意帮助宝贝做好玩具的收集工作。由于角度的改变让人产生了不同的感受，家长配合也达到了不同的效果。

（二）活动调整通知

虽说我们向家长发出的通知是确定好的内容，但若因天气、孩子的兴趣点、能力水平有所改变等原因，原活动计划需要进行调整时，要及时通知家长并向家长说明活动调整原因和新安排，以获得家长理解。

如：在开展“读书月”的活动中，原计划小班的幼儿在周五开展“图书交换”活动，即小班孩子之间相互交换图书。在周三，大班年级组进行“图书义卖”活动时，小班孩子们看到哥哥姐姐拿着钱从小伙伴手中购买自己喜欢的图书时，向往的心情在脸上表露无遗，而且纷纷和老师建议“咱们也买书卖书吧”。孩子们的行为反映出的是他们的兴趣，为了满足小班孩子们亲自购买图书的兴趣，老师调整了活动安排，并在离园时的介绍环节向家长说明了活动调整情况。

案例 9　通知变化记

通知

各位家长好，原计划周五“图书交换”的活动有变化了，变成“图书购买”活动了。请各位家长周五早上来幼儿园的时候给孩子带一本书和一元钱，支持咱们孩子的活动。相信我们的活动会取得良好的效果！

这是老师们第一次商讨出来的通知，清楚说明活动名称的变化以及家长需要协助的事项。小班的老师让其他年龄班的老师先读一遍，说出阅读后的感受。

张老师："没说清楚为什么活动要变化，家长一头雾水。"

李老师："虽然老师用客气的'请'字，可是字里行间感觉还是很官方。"

王老师："只是表述活动会取得良好效果，和孩子好像没有什么关系。"

于是小班的老师针对大班和中班老师的建议在礼貌、语气、原因、活动对孩子的发展等方面重新表述，另拟了一份通知。

通知

亲爱的家长们好！今天咱们的孩子参加了大班哥哥姐姐的"图书购买"活动。孩子们特别羡慕哥哥姐姐可以用钱购买图书，和老师建议"我们也用钱买书吧"。为了满足孩子们的想法，也为了孩子们真实参与"购买"的过程，辛苦各位爸爸妈妈明天早上来幼儿园的时候，带一本书和一元钱，咱们小班也办一场"图书义卖"活动。

相信通过爸爸妈妈物质的配合以及老师的策划组织，我们小班的孩子在"买书与买书"的过程中能大胆推销、大胆购买，成为敢说、敢做的勇敢宝贝！

这是小班老师听取大班、中班老师的建议后修改的第二版本。第二版本比第一版本更有可读性，而且活动变化的来龙去脉描述清楚到位。我们研讨后决定让教职工家属和后勤工作人员读一读，说出读后的感受，并给予建议。

田老师的爱人说："变化的原因说清楚了，但是为什么要让孩子带一元钱呢？不太明白。"高老师的爱人说："我是一个爸爸，读出来觉得很不错，但是后面大胆推销、大胆购买，总觉得表述不专业，有点传销的味道。"后勤杨老师说："要是小孙子告诉我这件事，心理肯定乐意配合。"

让非幼儿园的教育者读通知，更加直接了解家长的想法和读后的感受，所以这是一个十分必要的环节。针对家属和后勤老师的建议，我们开始写第三稿，用孩子的语气来说，交代事情变化的缘由以及家长需要配合的事项，并且说明活动的教育价值和对孩子个体发展的帮助。

宝贝小心愿

亲爱的爸爸妈妈，今天老师带领我们参观了大班哥哥姐姐的图书义卖活动，看到哥哥姐姐自己拿钱去买书，我们很羡慕。我们好想自己也拿着钱去买书，体验交换的快乐；也特别想卖书，体验交易的快乐。

一起来帮助我们实现这个小小心愿吧！老师听到我们的建议后，决定把“图书交换”活动改成“图书义卖”活动啦！爸爸妈妈记得提醒我们周五来幼儿园的时候带上几本书和十元钱，这可是“图书义卖”活动最重要的物品。

平时我们总和爸爸妈妈一起去超市、逛商场，学会很多“买和卖”的语言，例如“我想买小红帽这本书，多少钱”“太便宜了，不卖”等，还有更多可以讨价还价的话，爸爸妈妈要讲给我们听哦！

特别感谢爸爸妈妈支持我们周五的“图书义卖”活动，相信我们一定会买到自己喜欢的书，也相信我们能说明小伙伴购买自己图书。

三次修改之后，对教师的细心发现与精心安排，家长们赞不绝口，积极进行相关准备，活动收获了良好效果。

（三）突发情况通知

幼儿园中的突发情况一般为天气问题、幼儿身体不舒服或幼儿发生了磕碰伤等情况。为了保证幼儿的健康安全，一旦遇到突发情况教师都要第一时间与家长取得联系。

1. 孩子身体不适

一日生活中如果发现孩子精神低落，没有食欲，身体不舒服或孩子出现肚子疼、呕吐、发烧等问题，但又说不清楚原因时，教师要及时把孩子送到医务室检查，并打电话向家长反映孩子的情况，了解孩子在家的情况，说明保健医生的处理措施及建议。

2. 孩子出现伤害

如果幼儿发生磕碰伤，一般采取电话联系的方式，与孩子的父母进行沟通，向家长说清楚事故发生的原因、孩子当时的情况、处理措施以及孩子现在的情况。需要注意的是即使是轻微的小伤，处理好后也要电话告知家长，不要认为小伤没事，离园时再说就行。因为每个孩子对家长来说都是心肝宝贝，只要孩子受到伤害就会心疼，所以教师一定要及时与家长联系，承担起责任，不要因为小事的疏忽使家长产生误解。

3. 遇到天气问题

遇到天气问题，如气象台预报有暴雨预警，教委要求家长提前接孩子，在接到通知的第一时间就要通过短信发送相关通知，确保家长能提前安排自己的工作，按时接孩子。

重要通知

亲爱的家长朋友们，大家好！

由于天气原因，离园时间可能出现暴雨，为了保证孩子和您的安全，咱们下午3：00来园接孩子。路上有雨，接孩子的时候注意安全，小心驾驶，我们老师在班中边组织孩子玩游戏边等着您来接。

此提示关系着您、孩子和老师，非常重要，您看到后一定在群中回复“收到”。让我们一起安全平安地度过“暴雨时刻”。

有带班经验的教师都有这样的感受，大到一个活动，小到一个通知，其实都是在做家长工作。而要想达到良好的效果，作为园长要做到在思想上引领，在方向上指引，在行动上支持，使教师在开展家长工作时有理念和策略的支撑。

第二节　案例回看

案例10　下班后的电话

下午下班后，我接到班里老师的电话，说班里的珊珊妈妈打电话询问孩子在幼儿园的情况。妈妈下午接到珊珊之后，珊珊情绪特别不好，一直大哭，说班里一个小男孩打她的脸。于是拜托老师和男孩好好沟通。知道问题后我和班里老师仔细回想一天的生活环节，一天情绪都不错，晚检也没有异常。随后对孩子在幼儿园的情况和回家后又发生的事情与珊珊妈妈进行沟通。

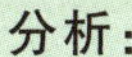

分析：

孩子在幼儿园受到一些小摩擦时，家长确实会十分心疼。珊珊是小班下学期新来的小朋友，又是班里年龄最小的，家长会更担心孩子在幼儿园受委屈，这是可以理解的。我和妈妈通话询问孩子小脸的情况，妈妈表示没什么事。小孩子多，在一起游戏碰到是难免的。但是这个小男孩并不止一次欺负我们，这才找老师。妈妈接到孩子后孩子想听音乐，妈妈没播放，就大哭起来。于是妈妈询问是不是在幼儿园有什么不开心的事情，孩子便想到在幼儿园发生的不愉快的事情。事情发生时班里三位老师都没看到确实是我们工作的失误，我们向家长表示歉意。孩子到了中班，语言表达能力迅速发展，自我保护意识不断增强，教师和家长要逐步培养孩子们自己解决问题的能力，这样孩子的成长才不会受到限制。

策略：

1. 聚焦幼儿需要，体会家长心情

遇到问题时，家长与老师的教育观念可能不一致。尤其面对突发事件，家长的情绪会因事件的影响而难以控制。老师要处理好自己的情绪，不要在这种时候和家长讨论教育观念的问题，而是应把焦点问题放到孩子的需要上，如了解伤情，理解家长心情等。接到家长这类电话时，教师要及时与班里老师沟通，了解掌握第一手的信息，弄清楚事实并及时给予家长反馈，以表示对幼儿和家长的重视。

2. 理解家长的价值观，允许观念差异的存在

教师要清楚地认识到家长比任何人都了解孩子，要善于了解家长的想法，在尊重家长价值观的基础上，循序渐进地沟通。

3. 促进家园观念协同，提高家园配合默契度

通过多种有目的、有计划的家园活动对家长实施影响，使家长在观念上协同。观念的协同需要建立在“讨论—反思—梳理提升”的过程中。教师要善于抓住班级工作中的一些小问题，例如如何处理孩子之间的矛盾冲突等，引导家长在讨论中梳理思路，在老师的影响下共同反思，协同家园观念。

案例 11 家长心中的支持

最近班里正在进行“石头记”的活动，孩子们的活动兴趣都很高。今天要录每一个小组的石头故事了，童童姥姥对我说：“小冉老师，我们组的主力没来呀，

本来安排小添负责旁白的小任务，您看这怎么办啊?”我想“不能让第二组的作品完成不了啊”，于是就对童童的姥姥说：“让童童试试吧!”童童当起了解说员，说得还很好。事后童童姥姥对我说：“小冉老师，这次活动家长们的反应都不同，年轻的妈妈觉得事情太复杂，每天工作太忙，没时间做这些。老的爷爷奶奶觉得这些有什么用，还不如学习一些知识。至于小添妈妈，我想她也没有觉得这次活动对孩子的发展有什么意义，我个人觉得这次活动对孩子的小组意识和团队意识都有很好的锻炼。下次在活动之前和所有家长都说明，可能大家就会更加了解与明白，更愿意参与活动了。”

分析：

1. 小添妈妈对于此次活动表现出的不支持，说明我们之间欠缺一次关于活动重要性的交流。

2. 不同的家长对孩子的教育方式与教育期望不一样，对不同家长可能需要我们运用不同的交流方式。

3. 在过程中我们是否已经告知家长活动的重点，并包括每一个环节的任务。

4. 大班幼儿家长们关注的还是孩子在幼儿园学到的知识，而不是在活动过程中习得的能力。

策略：

1. 在开展活动之前应该召开一次大型的家长会进行动员，告知家长活动中我们主要锻炼幼儿自己解决问题和团队合作的能力，培养小组意识。学习的能力比学习的内容更加重要，通过深入浅出的方式引导幼儿体验，并且得到家长们的认同。

2. 在活动过程中，教师应该关注家长们的反应与态度，及时调整活动形式，达到既省时又省力的效果，提高家长的满意度。

3. 活动结束后我给小添妈妈发了微信，在微信中我先对孩子没有参加活动感到遗憾，表示很可惜。妈妈回复说因为孩子生病没来，我就接着说：“小添妈妈，我们是同行，我还需要您的帮助，您是我的后盾啊”，对小添妈妈表示很肯定，很信任。小添妈妈表示出这两次活动对孩子有很大程度的锻炼，觉得错过活动很可惜。听到妈妈这么说，我心里舒服了一些，我马上就把孩子在幼儿园表现的好的地方说给妈妈听，妈妈说孩子的进步与老师的教导是分不开的，并且很愿意为我们出一分力。知道妈妈认可我们的工作，我也就放心了。

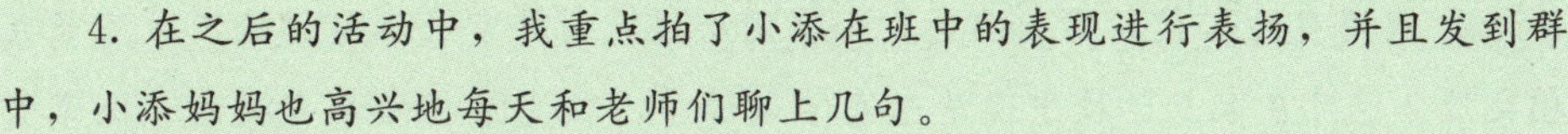

4. 在之后的活动中，我重点拍了小添在班中的表现进行表扬，并且发到群中，小添妈妈也高兴地每天和老师们聊上几句。

备注：

1. 小添妈妈也是老师，可能在教育孩子上，有自己的办法与方式，但对学龄前儿童不如我们了解得多。妈妈一直用自己的方式教育自己的孩子，再加上小添妈妈之前做过组长，这次可能感觉自己受了冷落，心里有些不舒服。

2. 在今后组织活动中，我们可以采取轮流当组长的形式，让每一位家长都有机会为班级服务。

案例 12　运动会照片

幼儿园运动会期间，苏羿明爸爸用单反相机拍下了许多珍贵的画面。第二天，苏爸爸将冲洗好的照片带到班上。离园前，我将幼儿的照片分发到对应的小朋友手上。放学送走孩子们以后，我和保育老师正在整理桌椅，做离园前的消毒工作。吴举姥姥拉着吴举回来了，她气冲冲地对我说："为什么我们吴举没有照片？你们做老师的真偏心，吴举平时站队也总在最后面……"

分析：

1. 首先，我们可以看出家长对幼儿园开展活动的关注方式和支持程度不同。部分家长能主动参与幼儿园组织的活动且有主动关心的意识，还有一部分家长由于不了解活动及照片的缘由，但是又很在意活动中老师对自己孩子的关注程度，所以会发生这一幕。

2. 刚工作的我对处理照片的方法也有欠妥的地方。应该考虑到部分家长由于不清楚照片的来源，而对老师产生误会。

3. 家长从照片联想到孩子排队总在最后，从而得出"老师真偏心"的结论，说明教师平时工作中缺乏与家长的有效沟通。

策略：

1. 作为老师我，应该首先主动与生气家长沟通，说清楚照片的来源，并举例说明吴举在幼儿园各方面表现还是很好的，以取得家长的理解。

2. 教师可将照片作为布置主题墙或相关专栏的材料，设置一个关于此活动的集锦专栏。这样既能促进活动的深入，又能淡化家长对照片的过分注意。

3. 利用多种形式与家长沟通，如家园小报，引导家长参与讨论，让家长互相交流。也可在家长学校中邀请专家学者讲学，转变家长的教育观念。做家长工作并不是一天两天的事情，而是要体现在日常生活中的点点滴滴中，孩子就是一个中心点，要对孩子实施正确的爱和教育。

读书时心理老师就曾说过：只要孩子喜欢你了，家长自然也就喜欢你，自然也就会乐意配合老师的任何工作，因为他们信任你。

案例 13 对主题的不理解

新学期开始了，我们根据孩子们的兴趣，确定了这学期的主题活动：我家的汽车。随着主题活动的深入，孩子们开始了解自己家的汽车标志，并利用废旧材料制作车标，带到幼儿园向小朋友们介绍自己家的汽车品牌，原产国等。可有一天放学时，我听到家长们聊起做车牌活动时说道："还让介绍自己家的车牌，这不是让攀比谁家汽车好嘛?""可不是，听说××家是奔驰，怕孩子不自信，我也只好给我们家孩子做一个奥迪的车标。"

分析：

家长从来没有看到过孩子们介绍自己家的车标，并不了解介绍车标、认识车标这个活动的目标和内容，更不了解孩子们的年龄特点及想法。无论孩子们介绍的是什么汽车，只要是自己家的，能够说清楚车标的名称、含义、原产国，和爸爸妈妈是用什么废旧材料制作的，自己参与了哪些部分，都会得到小朋友们热烈的掌声。孩子们的思维是很单纯的，他们对介绍车标的评判标准就是表达的能让自己和大家听明白，制作过程中谁参与的更多等。通过认识车标、介绍车标的活动，孩子们不光了解了更多关于车标的知识，同时还把车标按照国家进行了分类，知道了家庭在买车之初选择买这辆车的原因(车型、节能)等。

家长对主题活动不理解的情况，说明教师没有深入介绍主题活动的设计意图，活动蕴含的目标，孩子们将会得到的收获等。所以才会产生案例中的误会。

策略：

1. 在家长会上向家长说明活动的目标、内容、意义等，让他们在了解活动的同时，了解老师设计活动的用心之处以及活动对孩子们发展的意义。

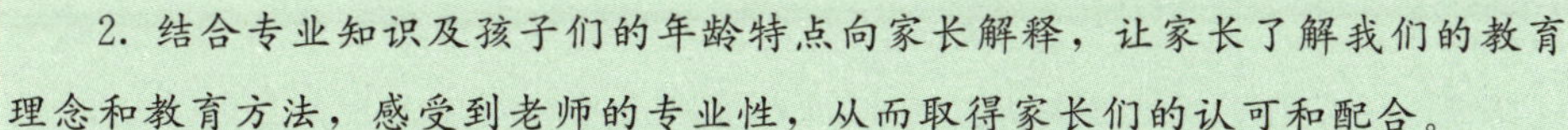

2. 结合专业知识及孩子们的年龄特点向家长解释，让家长了解我们的教育理念和教育方法，感受到老师的专业性，从而取得家长们的认可和配合。

3. 用真诚的态度感谢家长的质疑与监督。通过一些开放性的主题活动，请家长走入课堂，让家长建立真实的感受。相信看到活动及孩子们的表达与表现比老师的说明、介绍更真实、更有说服力。

4. 防患于未然。为了避免再发生类似的事情，可以定期召开主题活动的家长会或给家长写一封信，让家长明白并配合幼儿园的活动。

案例 14　老师打我

欣欣宝贝最近不知怎么，早晨来园开始爱哭了，嘴里还一直念叨着“我想奶奶，我想奶奶……”每天都要把她搂在怀里安慰一阵，才能止住哭泣。有一天早上，欣欣像往常一样来园，但是她看到我后，使劲儿往奶奶身后躲，奶奶拉着孩子来找我，严肃地问：“老师，昨天孩子回家说赵老师打她的头了，您知道这事儿吗?”听完后，我深吸了一口凉气，脑子里快速闪过昨天发生的种种事情，并没有这回事儿啊，我认真地对奶奶说：“欣欣奶奶，您别急，这其中我想一定是有什么误会，我们作为老师，肯定不会犯这样的错误的，一会儿回去，我先问问赵老师，晚上给您回复，您看成吗?”奶奶点点头，接过我的话说：“我也是怕孩子太小，事情和话传达的不对，怕对老师有误会，所以才问问您，那咱们晚上再聊。”

早操回班后，我看到赵老师，连忙把早晨的事情跟她说了一遍。赵老师也很吃惊，并且连连摇头说：“我怎么可能打孩子的头呢，绝对没有。”我说：“那您想想，昨天孩子有没有犯错，您批评她了?”赵老师仔细回想了一下，说道：“好像是有那么一件事儿，中午我看着孩子们上厕所，欣欣没好好排队，还和别的小朋友打闹，我批评了她几句，让她们排好队，摸着头让她们进的厕所。这是不是她说的打她的头了?”

真相大白了。经过我的思考和分析后，我正想晚上跟奶奶好好聊一聊的时候，谁知事情又发展到了另一个难以处理的地步。欣欣的爸爸昨晚得知女儿告诉她的事儿以后，心里一直很难受，但他没有第一时间向老师询问情况，而是选择自己隐忍。但到了第二天，孩子又来到了幼儿园，爸爸更加担心起了自己的宝贝闺女，左想右想都觉得不放心，心中又有一股闷气，所以他赫然的在班级的微信群里，发了一条信息"老师，昨天我闺女说赵老师打她的头了！这事儿是不是真的?"当时是上班时间，我们谁也没有看手机，不知道这条信息。欣欣爸爸没有收到我们的回复，愤怒地给领导打电话并说了这件事。领导找我们了解情况时我们才看到这条信息。

分析：

她那个阶段本来就有些分离焦虑，再加上在幼儿园里犯了错误，老师批评了她，就更加抵触。

第一，小班的孩子对打、拍、摸这些行为及含义区分不清，喜欢从主观上去判断和形容。她在心里放大了老师对她的行为，借此向父母寻求慰藉和注意。

第二，小班的新老师和家长互相还都不太了解。家长不清楚老师的作风和幼儿园的大小事情，往往只能从孩子的嘴里了解老师和幼儿园的生活，这就导致了家长信息的片面性和不准确性。

策略：

与班中老师商量后决定由我们自己跟家长沟通，来澄清这个误会。考虑到如果是赵老师向家长解释的话，家长可能会觉得老师在狡辩，所以由我这个班长先出面跟爸爸和奶奶协调。

1. 先在微信群里安抚好爸爸，向他说明这件事有所误会，也向其他家长说明我们老师的为人和原则。

2. 跟爸爸私信联系。在征得同意后，打电话向他说明了事件的前因后果，还分析了欣欣的心理和认知。在深入的聊完后，爸爸松了一口气，反而还觉得不好意思，向我们道歉。我对他说："没关系，沟通永远是最有效，最直接的。如果有什么事情，您下次一定第一时间向我们询问，我们也竭力回答您，帮助您。孩子的事情，我们最清楚。"

3. 想办法让欣欣尽快适应幼儿园的生活，喜欢老师，喜欢上幼儿园。三位老师商量后，为欣欣独家定制了一系列专属的小惊喜：比如每天早晨能得到老师的吻和拥抱、每天中午欣欣都可以帮助赵老师发勺子，培养她和赵老师的感情、每天都能得到一句肯定和表扬、每天都变着花样给她梳漂亮的发型。

在我们的共同努力下，欣欣宝贝渐渐走出了分离焦虑，爱上了我们三位老师，也爱上幼儿园的生活，看到孩子的转变，家长也真正地了解了老师，肯定了我们的付出。那件事逐渐被欣欣和家长淡忘，但给我们老师却是永久的提醒和鞭策。

案例15　被束缚的孩子

一天在翻看家长的微博时，无意间发现，小米粒的妈妈转发了我们前一天发的照片，并评论“哎！这么小就开始受束缚”。照片上的内容是新学期，为了培养幼儿的良好坐姿，老师正扶着小米粒的肩膀耐心地纠正着她的坐姿。

分析：

1. 初入大班生活，我们加强了对幼儿习惯的培养，培养良好的站姿、坐姿及书写姿势是非常重要的一节课。

2. 微博中，老师所发的照片都是片面性的，只是活动的一个剪影，有些家长不能理解老师的教育目的，但是又碍于面子，不肯主动与教师沟通，久而久之就容易产生误会。

策略：

1. 反思问题

问题发生后，我进行了反思。每次我们发微博都只注重照片的宣传，用一句话说明活动内容，没有更多描述活动的内容和开展活动的目的，导致家长不能理解教师的教育目的。

2. 及时沟通

为了跟小米粒妈妈沟通，让家长理解教师的教育目的，晚上接园前我特意上网查询了“纠正幼儿的坐姿有哪些好处”的相关文章。接园时，我找到了小米粒的妈妈，针对“微博事件”与小米粒的妈妈进行了沟通。首先我向妈妈说明了照片的片面性，它并不能代表我们完整的活动；其次说明了纠正幼儿良好坐姿的重要性以及幼小衔接中习惯培养的重要性。沟通后，米粒的妈妈对我的教育目的表示很认同，并且对老师表达了自己的歉意。

3. 加强宣传

以后每次发微博时，我都会写明我们的活动内容以及教育目的，并且更注重向家长反馈孩子们的学习效果。在形式上我们也不限于单纯的照片展示，还加入了小视频、晚接园幼儿展示等，让家长更生动直观地了解孩子们的学习生活。

附录　适合家长阅读的书籍

家长是孩子的第一任老师，家长的教育理念影响着其教育行为，影响孩子的童年乃至一生的成长。了解孩子、树立科学的家庭教育理念是家长需要做的功课。本书列出了一些家庭教育书单，园长了解后可以指导教师在做家长工作时推荐给家长，有助于家长形成科学的教育认识。既能教育孩子，也能帮助家长自我成长，让家长们和孩子一起成长吧！

中国：

1. 孙瑞雪．完整的成长．北京：中国妇女出版社，2014
2. 王树．透析童年．北京：中央编译出版社，2014
3. 王东华．发现母亲．北京：中国妇女出版社，2014
4. 尹建莉．好妈妈胜过好老师．北京：作家出版社，2014
5. 孙瑞雪．爱和自由．北京：中国妇女出版社，2013
6. 李跃儿．谁拿走了孩子的幸福．北京：国际文化出版公司，2013
7. 小巫．让孩子做主．广东：广东新世纪出版社，2013
8. 蔡笑晚．我的事业是父亲．北京：电子工业出版社，2013
9. 孙瑞雪．捕捉儿童敏感期．北京：中国妇女出版社，2010
10. 李跃儿．谁了解孩子成长的秘密．南宁：广西科学技术出版社，2009
11. 李跃儿．谁误解了孩子的行为．南宁：广西科学技术出版社，2008
12. 池莉．来吧，孩子．北京：作家出版社，2008
13. 小巫．跟上孩子成长的脚步．北京：民主与建设出版社，2008
14. 小巫．给孩子自由．北京：民主与建设出版社，2008
15. 赵雨林．学会跟孩子说话——好家长操作实务．北京：清华大学出版社，2007
16. 马志国．孩子的心灵您怎样走进．北京：水利水电出版社，2004
17. 甘悦明，付阿．纠正孩子缺点很简单．兰州：甘肃文化出版社，2004
18. 周弘．赏识你的孩子．广州：广东科技出版社，2004

19. 邹朝荣. 给孩子的365封信. 北京：现代出版社，2004

20. 吴一舟. 你的教育生态了吗. 杭州：浙江教育出版社，2002

外国：

1. [意]玛丽亚·蒙台梭利. 童年的秘密. 蒙台梭利丛书编委会编译. 北京：中国妇女出版社，2012

2. [奥]阿尔弗雷德·阿德勒. 儿童的人格教育. 彭正梅译. 上海：上海人民出版社，2006

3. [丹]杰斯珀·尤尔. 给孩子适龄的正面管教. 高绍琪译. 北京：机械工业出版社，2016

4. [日]木村久一. 早期教育与天才. 唐欣译. 南京：江苏人民出版社，2009

5. [美]马歇尔·卢森堡. 非暴力沟通. 阮胤华译. 北京：华夏出版社，2015

6. [美]阿黛尔·法伯，[美]伊莱恩·玛兹丽施. 如何说孩子才会听，怎么听孩子才肯说. 安燕玲译. 北京：中央编译出版社，2014

7. [美]弗洛姆. 爱的艺术. 李健鸣译. 上海：上海译文出版社，2011

8. [美]海姆·G. 吉诺特. 孩子，把你的手给我. 张雪兰译. 北京：京华出版社，2010

9. [美]伊丽莎白·谷瑟蕾，[美]凯西·马修斯. 美国父母怎样"管"孩子. 海伦，李春燕译. 北京：国际文化出版公司，2004

10. [美]环安·艾荷·蓝安. 向孩子学习. 吴复新译. 上海：上海文艺出版社，2003

11. [美]斯蒂文·范诺伊. 我给我孩子的10个最昂贵的礼物. 符泉生译. 北京：中国青年出版社，2003

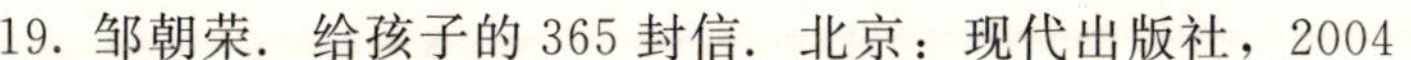

参考文献

[1]晏红. 幼儿教师与家长沟通之道[M]. 北京：中国轻工业出版社，2014.
[2]史基宏. 学校教育中家长角色定位初探[J]. 中国家庭教育，2004.